schreib.korrekt

Rechtschreibung und Zeichensetzung mit Grammatik, Ausdruck und Stil

Für die Ausbildungs- und die Berufsvorbereitung

Herausgegeben von:
Manfred Maier

Autorin und Autoren:
Manfred Maier
Ulrich Mezger
Hans R. Spielmann
Ilke Vehling

Ernst Klett Verlag
Stuttgart · Leipzig

Inhaltsverzeichnis

Vorwort

4 Was Sie zum Üben wissen sollten

Rechtschreibung

R

Groß- und Kleinschreibung

5 Regel 1 .... Hauptwörter
15 Regel 2 .... Wörter, die sich in Hauptwörter verwandelt haben
22 Regel 3 .... Namen
25 Regel 4 .... Satzanfänge
26 Test

S-Schreibung

28 Regel 1 .... ss-Schreibung
29 Regel 2 .... miss-/Miss-, -nisse
30 Regel 3 .... Bindewort dass
34 Regel 4 .... ß
36 Test

Getrennt- und Zusammenschreibung

37 Regel 1 .... Mehrteilige Wörter
45 Regel 2 .... Grundform mit „zu"
46 Regel 3 .... Tageszeiten, Zahlen
47 Regel 4 .... Straßennamen
48 Test

Dehnung

49 Regel 1 .... Dehnungs-h
52 Regel 2 .... ie
54 Test

Mitlautverdoppelung (auch ck, tz)

55	Regel 1	Doppelter Mitlaut
57	Regel 2	ck und tz
57	Regel 3	Endungen -in, -nis
58	Test	

Lautschreibung

59	Regel	Laut-Buchstaben-Zuordnung
63	Test	

Zeichensetzung

Z

64	Regel 1	Hauptsätze
68	Regel 2	Nebensätze
71	Regel 3	Grundform mit „zu“ plus Ergänzung
72	Regel 4	Aufzählungen und Zusätze
73	Regel 5	Entgegensetzungen
74	Regel 6	Wörtliche Rede
75	Test	

Ausdruck und Stil

St

76	1 Ausdruck	Den passenden Ausdruck verwenden
77	2 Wortwahl	In der Wortwahl abwechseln
78	3 Satzbau	Im Satzbau abwechseln
79	4 Bezügliches Fürwort	Das bezügliche Fürwort (Relativpronomen) richtig verwenden
80	5 Grammatische Formen	Richtige grammatische Formen benutzen

Was Sie zum Üben wissen sollten

Wichtig für den Beruf

Wenn Sie korrekt schreiben, werden Sie im Beruf anerkannt. Durch korrektes Schreiben zeigen Sie dem anderen außerdem, dass Sie respektvoll mit ihm umgehen.

In diesem Heft üben Sie an Wörtern und Wendungen, die in der **Berufswelt** häufig benutzt werden.

Was finden Sie in diesem Heft?

Korrekte Rechtschreibung und **Zeichensetzung** sind ohne Grammatikkenntnisse nicht möglich. Deshalb üben Sie in den Aufgaben auch immer **Grammatik**.

Die **Regeln** sind so verständlich formuliert, dass Sie sich diese leicht einprägen können.

Damit Sie die Aufgaben leichter lösen können, finden Sie **Hinweise** in den gelb unterlegten Kästen am Rand. Zudem sind zahlreiche **Beispiele** vorgegeben.

Am Ende jedes Rechtschreibthemas steht ein **Abschlusstest**, sodass Sie Ihre Fortschritte überprüfen können. Sie wissen dann auch genau, welche Übungsteile Sie noch einmal wiederholen sollten.

Gesonderte Übungen zu **Ausdruck, Stil** sowie Grammatik werden Ihnen helfen, sich schriftlich besser auszudrücken.

Was bedeuten die Symbole?

Jede Aufgabe ist mit einem **Schwierigkeitsgrad** gekennzeichnet: ○ = leicht, ◒ = mittel, ● = schwer.

= Sie schreiben die Lösung auf ein Extrablatt.

Wie üben Sie richtig?

Beginnen Sie beim Üben mit dem Kapitel, in dem Sie den größten Übungsbedarf haben. Dies wissen Sie selbst, erkennt die Lehrkraft oder wird durch einen Eingangstest ermittelt.

Es ist sinnvoll, **höchstens zweimal 40 Minuten** am Tag zu üben und jeweils im nächsten Übungsblock das Gelernte zu wiederholen.

Beim Wiederholen ist es wichtig, dass Sie sich das Geschriebene nicht einfach noch einmal anschauen. Schreiben Sie die Wörter, deren Schreibung Sie sich schlecht merken können, **mehrere Male hintereinander** auf, schreiben Sie diese ganz groß und deutlich.

Durch das Schreiben, Überlegen und gleichzeitige Sehen kann die richtige Schreibweise leichter **im Gehirn gespeichert** werden.
Hilfreich ist es auch, die Silben eines Wortes **vor sich hinzusprechen**, während Sie es notieren, z. B. ***hoff-nungs-voll.***

Falls Sie ein Wort falsch geschrieben haben, streichen Sie es sofort durch und schreiben Sie es **mehrere Male richtig,** damit sich die korrekte Schreibweise einprägt.

Beim Wiederholen können Sie auch üben, indem Sie einen Satz im Heft **lesen**, sich **merken** und ihn dann auf einem gesonderten Blatt **notieren.** Anschließend kontrollieren Sie, ob Sie alles richtig geschrieben haben.

Selbstständig lernen

Mit diesem Heft können Sie auch selbstständig **allein lernen.** Denn alle Lösungen sind per Online-Code abrufbar. Geben Sie einfach auf der Klett-Homepage **www.klett.de** ganz oben den Code ein, der sich am Ende jedes Kapitels befindet, z. B. y3f3b4.

Viel Erfolg beim Üben und im Beruf!

Autoren und Verlag

Groß- und Kleinschreibung

Regel 1:
Hauptwörter (Substantive) werden großgeschrieben.

Dinge und Lebewesen

○ **1** **Schreiben Sie die Werkzeuge (A – H) in der richtigen Schreibweise auf.**
Ergänzen Sie die fehlenden Anfangsbuchstaben und den passenden unbestimmten Artikel (*ein, eine, ein*).

A ▢ammer ein Hammer

B ▢äge ____________________

C ▢eißel ____________________

D ▢▢ile ____________________

E ▢ohrzange ____________________

F ▢▢sserwaage ____________________

G ▢▢echschere ____________________

H ▢▢▢▢aubendreher ____________________

Zu 1 bis 3:
Hauptwörter (Substantive) bezeichnen Dinge und Lebewesen, die man mit den Sinnen wahrnehmen kann. Man kann sie sehen, ertasten, riechen, hören oder schmecken.
Sie kann man daran erkennen, dass sie einen Artikel als Begleiter haben können.

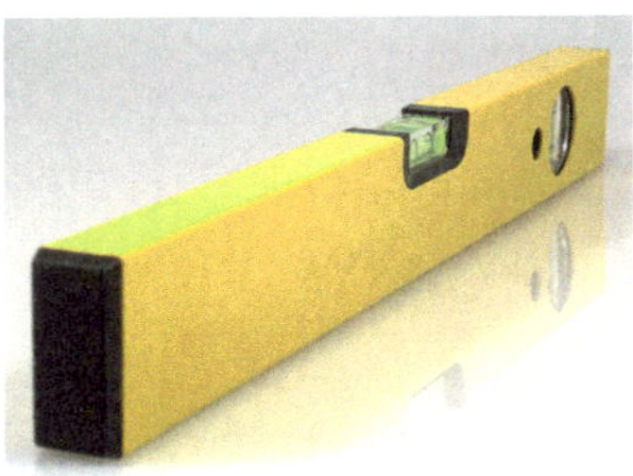

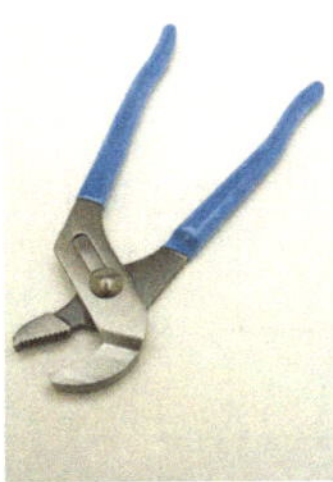

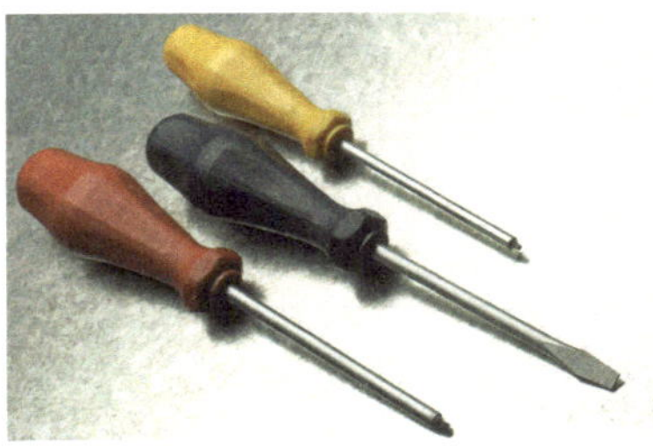

○ **2** **Bilden Sie aus den folgenden Silben und Wörtern je ein Hauptwort (Substantiv), das ein Messgerät bezeichnet.**
Schreiben Sie den Begriff in der richtigen Schreibweise mit dem bestimmten Artikel (*der, die, das*) auf.

A blutmessgerätdruck — das Blutdruckmessgerät

B uhrstopp — ______

C messerwinkel — ______

D fettwaagekörper — ______

E nensonuhr — ______

F kenwaagebal — ______

G stabterme — ______

H komselpasskrei — ______

◒ **3** **Notieren Sie den Fachbegriff für die abgebildeten Bürogeräte in der richtigen Schreibweise. Ergänzen Sie den passenden bestimmten Artikel in der Einzahl (Singular) und in der Mehrzahl (Plural).**

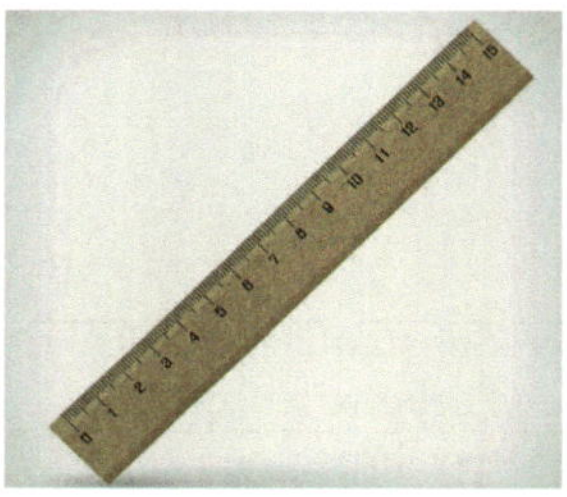
A

B

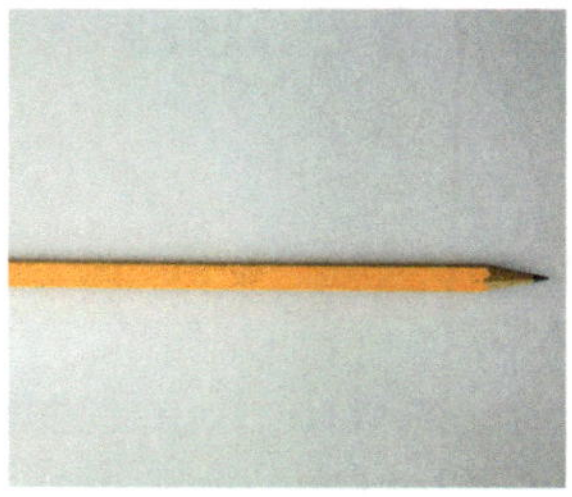
C

D

E

F

G

H

	Einzahl (Singular)	Mehrzahl (Plural)
A	das Lineal	die Lineale
B		
C		
D		

	Einzahl (Singular)	Mehrzahl (Plural)
E		
F		
G		
H		

Abstrakte Begriffe

1 Schreiben Sie die übrigen 5 in der Tabelle (waagrecht und senkrecht) versteckten Hauptwörter (Substantive) in der richtigen Schreibweise auf.
Fügen Sie jeweils den bestimmten Artikel hinzu.

A	V	Z	E	D	R	U	C	K	B	E	H	R	W	R
N	E	E	W	I	E	E	A	T	Z	K	R	A	F	T
G	S	I	A	H	B	K	L	A	W	Y	L	E	B	Z
S	E	T	E	T	X	A	T	S	T	Ä	R	K	E	W
T	W	Y	R	W	A	U	S	B	I	L	D	U	N	G

A die Ausbildung
B ______
C ______
D ______
E ______
F ______

> Zu 1 bis 3:
> **Hauptwörter** (Substantive) stehen auch für abstrakte Begriffe, die nur in unserer Vorstellung existieren oder oft ein Gefühl beschreiben.
> Beispiele:
> *Ehre, Mut, Fleiß, Liebe*

2 Bilden Sie aus den folgenden Silben Hauptwörter (Substantive), die abstrakte Begriffe darstellen. Notieren Sie diese mit dem hinweisenden Fürwort (Demonstrativpronomen) dieser, diese, dieses.

A ar gu ment
B dis si on kus
C weg be grund
D fra wort ge
E ma sprächs ge the
F nah kennt me nis
G ru se he pau
H keit sin leicht nig

A dieses Argument
B ______
C ______
D ______
E ______
F ______
G ______
H ______

3 Notieren Sie aus der folgenden Wortliste die Hauptwörter in der Einzahl (Singular) zu dem besitzanzeigenden Fürwort (Possessivpronomen).

- ~~gehalt~~
- erhalten
- frist
- bilanzieren
- verkaufspreis
- verbuchen
- zins
- kassieren
- forderung
- finanzieren
- buchhaltung
- offenlegen
- eigenkapital
- fordern
- umsatzsteuer
- anschaffen
- inventur
- ergänzen
- abschreiben

A mein Gehalt
B ihr ______
C ihr ______
D unsere ______
E seine ______
F unsere ______
G euer ______
H deine ______
I ihre ______

R

Charakteristische Endungen

1 Schreiben Sie die Hauptwörter (Substantive) mit der passenden Endung *-heit* oder *-keit* auf. Fügen Sie den bestimmten Artikel hinzu.

> Zu 1 bis 4:
> Man kann **Hauptwörter** (Substantive) auch an bestimmten Endungen erkennen.
> Häufige Endungen sind: *-heit, -keit, -schaft, -ung, -nis, -tum, -ling*

A sicher
B wirtschaftlich
C chancengleich
D handelsfrei
E bedienbar
F arbeitsein
G tätig
H arbeitsfähig
I haltbar
J kaufgelegen
K wettbewerbsfähig
L höflich

A *die Sicherheit* ______
B ______
C ______
D ______
E ______
F ______
G ______
H ______
I ______
J ______
K ______
L ______

2 Bilden Sie Hauptwörter (Substantive) mit der Endung *-schaft*. Notieren Sie sie korrekt.

A genossen▢
B aktiengesell▢
C gewerk▢
D druckbereit▢
E automobilwirt▢
F gemein▢

A *Genossenschaft* ______
B ______
C ______
D ______
E ______
F ______

3 Streichen Sie die Wörter durch, die es in der deutschen Sprache nicht gibt. Schreiben Sie die anderen Wörter mit dem unbestimmten Artikel und in der richtigen Schreibweise auf.

A ~~ereiging~~ – ereignis
B anlernling – anlernis
C erzeugnis – erzeugling
D keimnis – keimling
E erlaubling – erlaubnis
F kenntling – kenntnis
G mischnis – mischling
H verhältnis – verhältling
I sonderling – sondernis

A *ein Ereignis* ______
B ______
C ______
D ______
E ______
F ______
G ______
H ______
I ______

4 Bilden Sie je ein Wort auf *-ung* oder *-tum*. Schreiben Sie diese mit dem bestimmten Artikel auf.

A eign – eigen
B leist – les
C heilig – heil
D volks – bevölker

die Eignung ______ ______ ______ ______
das Eigentum ______ ______ ______ ______

R

Hauptwörter und ihre Begleiter

○ **1** Unterstreichen Sie jeweils das Hauptwort (Substantiv), auf das sich die *Begleiter* (Demonstrativpronomen und Personalpronomen) beziehen.

A In *meinem* Praktikum lernte ich viel.
B In *diesem* Unternehmen gibt es viel zu tun.
C *Diese* Zweigstelle ist gut besucht.
D Er vertraut auf *seine* Zulieferer.
E *Deine* Meinung ist hier gefragt.
F *Unsere* Erfahrungen werden berücksichtigt.

Zu 1 bis 3:
Neben dem **Artikel** erkennt man Hauptwörter (Substantive) auch an anderen **Begleitern**. Sie passen sich in der Endung an das dazugehörende Hauptwort (Substantiv) an.

◒ **2** Schreiben Sie jeweils die Hauptwörter (Substantive) und die dazugehörenden Eigenschaftswörter (Adjektive) im Nominativ und ohne Artikel mit der richtigen Endung auf.

A Die *neuen auszubildenden* sind motiviert. neue Auszubildende
B Sie haben *hohe erwartungen*. ____
C Die *direkten vorgesetzten* erwarten eine *große einsatzbereitschaft*. ____
D Wichtig ist neben einer *hohen motivation* auch das *soziale engagement*. ____
E Es sind auch *ältere mitarbeiter* beschäftigt. ____
F Ihre *wertvollen erfahrungen* werden geschätzt. ____

● **3** Bilden Sie sinnvolle Zusammensetzungen von Begleitern und Hauptwörtern (Substantiven). Schreiben Sie diese in der korrekten Schreibweise auf.
Übrigens: Dies sollte man nicht über Sie sagen können.

A VERSPÄTUNGEN – HÄUFIG häufige Verspätungen
B UNPÜNKTLICHKEIT – WIEDERHOLT ____
C WENIGE – AUSRASTER – HEFTIG ____
D UNHÖFLICHKEITEN – VIELE – VERSTECKT ____
E EINIGE – AUFFÄLLIGKEITEN – DEUTLICH ____
F KRANKHEIT – LANG – ANDAUERND ____
G FEHLEN – HÄUFIG – UNENTSCHULDIGT ____
H RASSISTISCH – FREMDENFEINDLICH – ÄUßERUNGEN ____

Fremdwörter

> Zu 1 bis 3:
> Fremdwörter, die **Hauptwörter** (Substantive) sind, werden auch großgeschrieben. Viele erkennt man auch an den Endungen *-ie*, *-ismus*, *-or*, *-tät*, *-ur* oder *-tion*.

○ 1 Notieren Sie die einzelnen Fremdwörter in dieser Wortschlange. Fügen Sie den bestimmten Artikel hinzu.

konjunkturbürokratismusaktualitätoptimismusstrategiefanatismusstabilitätkooperationegoismuspluralitätsolidaritätprozedur

A	die	Konjunktur	G		
B			H		
C			I		
D			J		
E			K		
F			L		

◒ 2 Bilden Sie aus den vorgegebenen Silben Fremdwörter mit den Endungen *-tät* oder *-tion* Schreiben Sie diese in der Einzahl (im Singular) und in der Mehrzahl (im Plural) auf.

A tion – tra – di	C ra – ope – tion	E li – re – a – tät	G qua – tät – li
B in – tion – ves – ti	D tion – ak	F tät – to – ri – au	H sti – tion – in – tu

	Einzahl (Singular)	Mehrzahl (Plural)		Einzahl (Singular)	Mehrzahl (Plural)
A	Tradition	Traditionen	E		
B			F		
C			G		
D			H		

● 3 Bilden Sie aus den vorgegebenen Buchstaben ein passendes Fremdwort.

	vorgegebene Buchstaben		
A	ddreooant	Die meisten benutzen täglich ein ▇ .	Deodorant
B	tiotelnet	Die Reinigung der ▇ wird häufig auf einem Zettel dokumentiert.	
C	kollonteurr	In normalen Betrieben gibt es keinen ▇ für die Sauberkeit.	
D	eektiivtäfft	Die ▇ der Betriebshygiene hängt von den Mitarbeitern ab.	
E	ketanin	Vor dem Besuch der ▇ sollte man die Hände waschen.	
F	ideogolie	Sauberkeit am Arbeitsplatz ist keine ▇ , sie ist eine Notwendigkeit.	

Schwer auffindbare Begleiter

> Zu 1 bis 3:
> Die **Begleiter** der Hauptwörter (Substantive) stehen im Satz oft nicht direkt vor dem Hauptwort (Substantiv). Man muss also die Zuordnung erkennen.

1 Schreiben Sie den passenden Artikel und das dazugehörende Substantiv auf.

A ▢ sichere Umgang mit Werkzeug ist auch im privaten Bereich notwendig.

der Umgang

B Besonders bei ▢ einfachen Arbeiten ist man oft zu nachlässig.

C Man sollte auf keinen Fall auf ▢ notwendigen Schutzmaßnahmen verzichten.

D So schützt zum Beispiel ▢ einfache Plastikbrille die Augen bei Sägearbeiten.

E Bei vielen Arbeiten im Haushalt sollte man auch ▢ passenden Handschuhe tragen.

F In jedem Fall sollte man aber für die Arbeiten ▢ angemessenen Zeitraum einplanen, damit man nicht in Hektik verfällt.

2 Schreiben Sie die Sätze in der korrekten Schreibweise auf. Ergänzen Sie die fehlenden Anfangsbuchstaben.

A In gewerblichen Betrieben gibt es ▢iele ▢nnötige ▢rbeitsunfälle.

In gewerblichen Betrieben gibt es viele unnötige Arbeitsunfälle.

B Ursache dafür sind oft mangelhafte oder ▢alsch ▢ediente ▢erkzeuge.

C Dies kommt oft durch einen ▢orglosen oder ▢ahrlässigen ▢mgang mit den Werkzeugen zustande.

D Man sollte deshalb die Werkzeuge vor dem Gebrauch auf ▢hren ▢inwandfreien ▢ustand prüfen.

E Man sollte auf keinen Fall schadhafte oder __aienhaft __eparierte __erkzeuge benutzen.

____

____

F Wichtig ist auch, eine für den __insatz __ntspechende __uswahl zu treffen und die Werkzeuge gemäß __em __eweiligen __weck einzusetzen.

____

____

____

3 Tragen Sie die fehlenden Anfangsbuchstaben in der korrekten Schreibweise ein. Diese Grundregeln für den Umgang mit elektrischen Geräten sollten Sie immer beachten.

A Beim __mgang mit __lektrischen __eräten gelten __esondere __rundregeln.

B Wichtig ist es, dass man nur __lektrische __eräte __erwendet, die geprüft sind und ein __nerkanntes __rüfzeichen __esitzen.

C Zunächst sollte man sich davon überzeugen, dass die __eräte keine __eschädigungen __ufweisen und auch die __eitungen in __inwandfreiem __ustand sind.

D Wenn man __ängel __emerkt, so sollte man diese unverzüglich an __orgesetzte __elden und __iese __eräte auf __einen __all in __etrieb nehmen.

E Wichtig ist auch die __enaue __eachtung der __edienungsanleitungen und der __ort __ufgeführten __icherheitshinweise.

F Grundsätzlich sollten bei __ässe __eine __lektrischen __eräte in __etrieb genommen werden, denn dadurch entstehen zusätzliche Gefahren.

G Das bedeutet, dass weder die __eräte noch die __edienenden __ersonen nass sein dürfen oder __ontakt zu __asser haben dürfen.

H Man muss außerdem darauf achten, dass die __uleitungen nicht durch __charfe __anten beschädigt werden können.

I Bei __törungen muss man sofort das __etroffene __erät vom __etz nehmen.

Versteckte Begleiter

> Zu 1 bis 3:
> Die **Artikel** sind manchmal nicht gleich erkennbar, da sie mit anderen Wortarten verschmelzen können.
> Das muss man herausfinden, um die dazugehörenden Hauptwörter (Substantive) richtig zu schreiben.

○ 1 Verschmelzen Sie jeweils den Artikel und das Verhältniswort (Präposition) und schreiben Sie das Hauptwort (Substantiv) groß.

A in dem regal
B in das zimmer
C bei dem arbeitstisch
D an dem bohrer
E durch das garagentor
F zu der kundin
G zu dem postamt
H von dem lieferanten
I an das verteilerzentrum

A im Regal ______ D ______ G ______
B ______ E ______ H ______
C ______ F ______ I ______

◒ 2 Setzen Sie treffende Begriffe ein und schreiben Sie die Hauptwörter (Substantive) groß.

Begriffe: aufs – am – beim – ins – ~~vom~~ – zum – zur

A Die Waren müssen zuerst vom Praktikanten ausgepackt werden.
B Der Praktikant stellt die Waren ______ egal.
C In jedem Fall muss man ______ ühlsystem Rücksicht nehmen.
D ______ ühlregal sollten die Türen nur kurz geöffnet werden.
E ______ assentisch dürfen die Praktikanten nur einpacken.
F Die Praktikanten können die Waren ______ ost transportieren.
G Sie können die Waren aber auch direkt ______ unden bringen.

● 3 Schreiben Sie den unterstrichenen Ausdruck korrekt. Markieren Sie das Hauptwort (Substantiv), das zum versteckten Begleiter gehört.

A <u>im weiteren verlauf</u> des Praktikums — im weiteren **Verlauf**
B <u>zur abgedeckten wursttheke</u> in der Ecke — ______
C <u>beim fast leeren weinregal</u> aus Holz — ______
D <u>ins</u> mit Tomaten <u>gefüllte gemüsefach</u> — ______
E <u>vom französischen käsehändler</u> aus Lyon — ______
F <u>am heute neu eingerichteten werbestand</u> für Bio-Obst — ______
G <u>ans</u> mit Werbetafeln <u>verdeckte fenster</u> — ______
H <u>fürs weiterhin hohe ansehen</u> beim Verbraucher — ______

R

Zeitangaben

○ 1 Notieren Sie die markierten Tage in folgender Schreibweise mit Tages- und Monatsangabe.

Januar

Mo	Di	Mi	Do	Fr	Sa	So
			1	2	3	4
5	(6)	7	8	9	10	11
12	13	14	15	16	17	18
19	20	21	22	23	24	25
26	27	28	29	30	31	

Februar

Mo	Di	Mi	Do	Fr	Sa	So
						1
2	3	4	5	6	7	8
9	10	11	12	13	14	15
16	17	18	19	20	(21)	22
23	24	25	26	27	28	

März

Mo	Di	Mi	Do	Fr	Sa	So
						(1)
2	3	4	5	6	7	8
9	10	11	12	13	14	15
16	17	18	19	20	21	22
23	24	25	26	27	28	29
30	31					

Zu 1 bis 4:
Zeitangaben (Monate, Tage und Tageszeiten) sind meist Hauptwörter (Substantive).

A Dienstag, der 6. Januar

B ______

C ______

○ 2 Notieren Sie die Bezeichnungen für die markierten Tageszeiten.

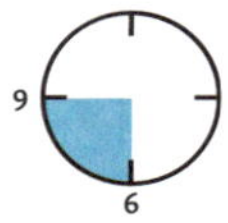

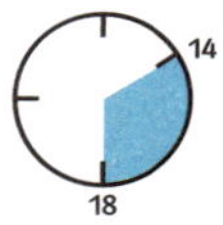

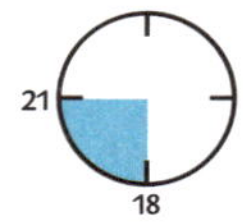

A der Morgen

B ______

C ______

◒ 3 Notieren Sie die Ausdrücke.
Fügen Sie die Anfangsbuchstaben ein.
Schreiben Sie die Hauptwörter (Substantive) groß, deren Begleiter klein.

A der _alte _orgen

B an _iesem _ormittag

C am _rühen _ittag

D am _päten _achmittag

E _hr _etzter _bend

F _ine _uhige _acht

A der kalte Morgen

B ______

C ______

D ______

E ______

F ______

● 4 Notieren Sie die Tageszeit und den Begleiter (*vorgestern, gestern, heute, morgen, übermorgen*) für die folgenden Zeitangaben.
Gehen Sie davon aus, dass heute Mittwoch ist und alle Tage sich auf diese Woche beziehen.

A Montag, 20:00 Uhr — vorgestern Abend um 20:00 Uhr

B Dienstag, 8:00 Uhr ______

C Mittwoch, 15:00 Uhr ______

D Freitag, 22:00 Uhr ______

Zu Hauptwörtern (Substantiven) geworden: Tätigkeitswörter (Verben)

Regel 2:
Wörter, die sich in Hauptwörter (Substantive) verwandelt haben (= Substantivierungen), werden großgeschrieben.

Zu 1 bis 3:
Tätigkeitswörter (Verben) können zu Hauptwörtern (Substantiven) werden. Sie können dann einen Begleiter haben.
Beispiel:
arbeiten – *das **Arbeiten***

○ 1 Wandeln Sie die vorgegebenen Tätigkeitswörter zu Hauptwörtern (substantivierten Verben) um. Notieren Sie, was in die Textlücken gehört.

Tätigkeitswörter (Verben): ~~präsentieren~~ – aufbereiten – motivieren – einsteigen – ablesen – reden

A Auch ▒ ist eine Kunst. *Präsentieren*

B Dazu ist das geschickte ▒ des Themas notwendig. ______

C Das ▒ des Publikums ist zu Beginn der Präsentation besonders wichtig. ______

D Daher ist ein geglücktes ▒ in die Präsentation schon der halbe Erfolg. ______

E Verpönt ist das ▒ vom Blatt. ______

F Der Vortrag sollte durch vorwiegend freies ▒ geprägt sein. ______

◒ 2 Notieren Sie die verschiedenen Fälle.

	1. Fall (Nominativ)	2. Fall (Genitiv)	3. Fall (Dativ)	4. Fall (Akkusativ)
A	das Vorführen	*des Vorführens*	*dem Vorführen*	*das Vorführen*
B	das Zeigen			
C	das Abspielen			

◒ 3 Formulieren Sie die Sätze so um, dass das markierte Tätigkeitswort (Verb) substantiviert wird.

A Es ist nicht einfach, gut zu präsentieren.

Gutes Präsentieren ist nicht einfach.

B Es ist notwendig, die Präsentation genau vorzubereiten.

______

C Es macht Sinn, die Präsentation an die Zielgruppe anzupassen.

______

D Es ist üblich, eine kurze Zusammenfassung auszuteilen.

______

R

Schwer erkennbare Begleiter

○ 1 Setzen Sie die folgenden Tätigkeitswörter (Verben) in substantivierter Form ein.

einnehmen – vorfahren – mitnehmen – einreiben – ~~hobeln~~ – besohlen – zurückfahren – aufkleben – sortieren

A Beim Hobeln fallen Späne.

B Pillen sind zum ______________________.

C Salben sind zum ______________________.

D Die Schuhe sind zum ______________________.

E Zum ______________________ braucht man Klebstoff.

F Beim ______________________ muss man Dinge unterscheiden können.

G Die Pizza ist zum ______________________.

H Beim ______________________ wird die Feile entlastet.

I Beim ______________________ wird die Feile belastet.

Zu 1 und 2:
Wie beim normalen Hauptwort (Substantiv) kann auch bei dem zum Hauptwort veränderten Tätigkeitswort (beim substantivierten Verb) der dazugehörende Begleiter versteckt sein oder fehlen.

◒ 2 Notieren Sie die Sätze.
Schreiben Sie alle Hauptwörter (Substantive) und alle zu Hauptwörtern gewordenen Tätigkeitswörter (substantivierten Verben) groß.
Markieren Sie die substantivierten Verben.

A Voraussetzung für das arbeiten in der küche ist gründliches händewaschen.

Voraussetzung für das Arbeiten in der Küche ist gründliches Händewaschen.

B Die zubereitung von speisen erfordert oft langsames erhitzen.

____

C Die vitamine bleiben bei sanftem garen erhalten.

____

D Übermäßig langes kochen vermindert den nährwert der speisen.

____

E Bei der herstellung von marmelade ist ständiges umrühren notwendig.

____

____

F Man kocht leichter, wenn man sich genügend zeit für gründliches vorbereiten nimmt.

____

____

R

Zu Hauptwörtern (Substantiven) geworden: Eigenschaftswörter (Adjektive)

○ 1 Ergänzen Sie passend die erste Silbe.
Schreiben Sie sie groß.

Silben: al – dunk – far – neu – schwar – schwie

A die ___ten
B der ___e
C das ___rige
D das ___le
E das ___ze
F das ___bige

A ______________________
B ______________________
C ______________________
D ______________________
E ______________________
F ______________________

> Zu 1 bis 3:
> Eigenschaftswörter (Adjektive) können auch zu Hauptwörtern (Substantiven) gemacht werden (= substantivierte Adjektive). Sie können dann einen Begleiter haben.
> Beispiel:
> schön – ***das*** **S**chöne, ***des*** **S**chönen, ***dem*** **S**chönen, ***das*** **S**chöne

◒ 2 Schreiben Sie die Sprichwörter/Redewendungen auf, die sich hinter den Wortgruppen verbergen.

A tappen dunkel ______ im Dunklen tappen
B lassen unklar jemand ______________________
C fischen trüb ______________________
D treffen schwarz ______________________

● 3 Verbinden Sie einen Begriff aus dem linken Kasten mit einem aus dem rechten Kasten.
Substantivieren Sie das Eigenschaftswort (Adjektiv).
Notieren Sie den passenden Ausdruck im Text.

Begriffe: im – mit | groß und ganz – allgemein – rein – gut

A Offenheit sollte ______________________ selbstverständlich sein.
B Dies wird ______________________ auch so gehandhabt.
C Man sollte nur ______________________ auffallen.
D Dann ist man mit sich ______________________.
E Zuerst haben sie sich gestritten, aber dann haben sie sich ______________________ getrennt.

Merkwörter:
im Allgemeinen
im Folgenden
im Großen und Ganzen
des Weiteren
alles Gute
alles Liebe
oder Ähnliches

R

4 Überprüfen Sie, ob das markierte Eigenschaftswort oder Mittelwort (Adjektiv oder Partizip) sich auf ein Hauptwort (Substantiv) im Umfeld des Satzes bezieht.
Notieren Sie das Bezugssubstantiv und schreiben Sie das Adjektiv oder Partizip in der richtigen Schreibweise auf.

Zu 4:
Vorsicht: Eigenschaftswörter (Adjektive) oder Mittelwörter (Partizipien), die sich auf ein Hauptwort (Substantiv) im Umfeld des Satzes beziehen, werden kleingeschrieben.

A Gutes Benehmen ist in jedem Umfeld wichtig, auch im (b)eruflichen.

Umfeld (Bezugssubstantiv) – **b**eruflichen

B Die Anrede, auch eine (s)pontane, sollte immer höflich sein.

____

C Titel und Anreden spielen immer eine Rolle, und zwar eine nicht zu (u)nterschätzende.

____

D Der gute Eindruck kann schnell durch einen (s)chlechten ersetzt werden.

____

E Pünktlichkeit ist eine notwendige Eigenschaft, keine (f)reiwillige.

____

F Korrektes Aussehen ist wichtig, (s)chlampiges wirkt abstoßend.

____

G Die positive Einstellung sollte nicht durch eine (n)egative ersetzt werden.

____

H Mit einer freundlichen Ausstrahlung kann man Menschen für sich gewinnen, mit einer (m)ürrischen nicht.

____

I Ein kräftiger Händedruck weist auf Durchsetzungsvermögen hin, ein (l)ascher auf das Gegenteil.

____

J Im beruflichen Leben wird ein gepflegtes Auftreten erwartet, ein (f)lippiges wird meist nicht akzeptiert.

____

Zu Hauptwörtern (Substantiven) geworden: Alle Wortarten

> **Zu 1 bis 3:**
> Neben Tätigkeitswörtern (Verben) und Eigenschaftswörtern (Adjektiven) können auch alle anderen Wortarten zu Hauptwörtern, also substantiviert werden.

○ 1 Substantivieren Sie die in Klammern angegebene Zahl. Setzen Sie das Wort in passender Form ein.

A In Mathematik hatte er eine Eins ________ (1).

B Beim Turmspringen schaffte er nur den ________ (3).

C Mehr als ein ________ (1/3) der Berufsschüler hat Übergewicht.

D Die Arbeit fühlte sich an, als müsste sie einen ________ (8.000) besteigen.

◒ 2 Notieren Sie die unterstrichenen Begriffe. Ergänzen Sie sie durch passende substantivierte Fürwörter (Pronomen): *sie*, ~~*du*~~, *wir*.

A Man wird nicht jedem das ___ anbieten. — das Du anbieten

B Das ___ bleibt im Berufsleben die Standardanrede. ________

C Das ___ ist im Team entscheidend. ________

◒ 3 Wandeln Sie die folgenden Begriffe in Hauptwörter (Substantive) um. Notieren Sie die fehlenden Begriffe.

gegenüber – miteinander – auf – ab – aus – hin – her – wenn – aber – was – wie – a – o – zurück

A Man sollte seinem ___ nicht feindlich gesinnt sein. ________

B Ein ___ ist meist möglich. ________

C Dabei kann es natürlich ein ___ und ___ geben. ________

D Das muss aber nicht immer das ___ bedeuten. ________

E Manchmal ist es ein langes ___ und ___. ________

F Schön ist es, wenn es kein ___ und ___ mehr gibt. ________

G Dann interessiert nicht mehr das ___, sondern nur noch das ___. ________

H Das ist das ___ und ___ bei diesem Vorgehen. ________

I Für das ganze Unternehmen gibt es dann kein ___ mehr. ________

Die höfliche Anrede

> Zu 1 bis 3:
> Die höfliche Anrede „Sie" und die davon abgeleiteten persönlichen Fürwörter (Personalpronomen) werden groß geschrieben.

○ 1 Setzen Sie in die folgenden Telefonnotizen die höfliche Anrede „*Sie*" oder das persönliche Fürwort „*sie*" ein.

A Ein Vertreter der Fa. Maier möchte ________ morgen Vormittag anrufen.

B Die Handwerker der Fa. Müller bitten ________ um Terminverlegung, da ________ Lieferprobleme hätten.

C Herr Welcher von der Geschäftsleitung bittet ________ um sofortigen Rückruf.

D Frau Waidelich wollte ________ heute noch sprechen. Ich habe ________ informiert, dass ________ heute nicht mehr im Hause sind.

E Frau Knöller von der VK GmbH wollte ________ ebenfalls dringend sprechen. Ich habe versucht, ________ auf dem Handy zu erreichen. Leider habe ich ________ nicht erreicht. Ich habe ihr versprochen, dass ________ ________ morgen anrufen werden.

◒ 2 Tragen Sie die höfliche Anrede *Sie* oder die besitzanzeigenden Fürwörter (Possessivpronomen: *Ihr, Ihre*) in die Lücken ein.

Sehr geehrte Damen und Herren,

vielen Dank für __________ Schreiben vom 5. September dieses Jahres, in dem __________ mir __________ veränderten Geschäftsbedingungen mitteilten. Diese Veränderungen sind für mich unattraktiv. Deshalb nehme ich das von __________ eingeräumte sofortige Kündigungsrecht in Anspruch. Hiermit kündige ich meine Einkaufskarte bei __________Unternehmen fristlos.

Ich bitte __________, mir diese Kündigung zu bestätigen.

● 3 Ergänzen Sie die Fürwörter (Pronomen). Unterscheiden Sie zwischen den Formen von „*Sie*", „*Ihr*" als höfliche Anredepronomen und den Formen von „*sie*", „*ihr*".

A Ich informiere ________ hiermit, dass ________ Handwerker die Leitungen falsch verlegt haben.

B Obwohl ich ________ schon direkt bei der Verlegung darauf angesprochen hatte, wollten __________________ Arbeit nicht korrigieren.

C Ich hatte ____________ auch gesagt, dass ich____________ unverzüglich über ____________ Weigerung, ____________ Arbeit zu korrigieren, informieren werde.

D Dies hatte aber bei ____________ Handwerkern keinen Erfolg.

E Ich bitte __________ deshalb jetzt, __________ Handwerker anzuweisen, __________ Arbeiten nachzubessern.

F Wenn dies zeitnah geschehen könnte, wäre ich ____________ sehr dankbar.

Zusammensetzungen – Arbeit mit dem Wörterbuch

1 Bilden Sie Substantivierungen aus je einem Wort in der linken und der rechten Spalte. Schreiben Sie diese mit dem bestimmten Artikel auf.

A	Zähne	1	legen	das Zähneputzen
B	schlafen	2	kommen	
C	Hand	3	putzen	
D	still	4	gehen	
E	Heim	5	haben	

Zu 1:
Aus zwei Wörtern **zusammensetzte Substantivierungen** werden immer großgeschrieben.
Ein Bindestrich ist meist nicht üblich.
Beispiel:
das ***Zustandekommen***

2 Schreiben Sie die zusammengesetzten Substantivierungen in der richtigen Schreibweise auf (siehe Hinweis). Setzen Sie Bindestriche zwischen die einzelnen Bestandteile.

das Aufdielangebankschieben – die Mundzumundbeatmung – das Aufderfaulenhautliegen – der Prokopfverbrauch

A das Auf-die-lange-Bank-Schieben

B

C

D

Zu 2:
Bei zusammengesetzten Substantivierungen aus **mehr als zwei Wörtern** gilt Folgendes:
- Der Wortanfang wird großgeschrieben.
- Hauptwörter (Substantive) und Tätigkeitswörter (Verben) werden großgeschrieben.
- Alle anderen Wortarten werden kleingeschrieben.
- Die einzelnen Wörter werden durch Bindestrich verbunden.

Beispiel:
*Sein **V**or-den-anderen-**P**rahlen*

3 Finden Sie mithilfe der Wörterbuch-Ausschnitte unten die Schreibweise der folgenden Wörter heraus. Notieren Sie diese in der richtigen Schreibweise.

A email　　B eubeitritt　　C vmann

E-Mail-Ad|res|se ['i:me:l...]
e-mail|len, **email|len**; geemailt;
E-Mail-Kon|to ['i:me:l...]
Email|le [e'maljə, *auch* e'maj] *vgl.* Email
Email|le|far|be, Email|far|be; Email|le|ma|le|rei, Email|ma|le|rei
Email|leur [ema(l)'jø:ɐ̯], der; -s, -e (Schmelzarbeiter); **Email|leu|rin**
email|lie|ren [ema(l)'ji:..., emaj'li:...]; **Email|lier|ofen**
E-Mail-Post|fach ['i:me:l...];
E-Mail-Pro|gramm; E-Mail-Wurm (*EDV* Computervirus, der sich über Netzwerke selbsttätig verbreitet)

EU-Bei|tritt
Eu|bi|o|tik, die; - ‹griech.› (*Med.* Lehre von der gesunden Lebensführung)
Eu|böa (griech. Insel); **eu|bö|isch**
EU-Bot|schaf|ter; EU-Bot|schaf|te|rin
euch ↑K83 : *in Briefen klein- od. großgeschrieben; vgl.* du

v. M. = vorigen Monats
V-Mann ['fau...], der; -[e]s, V-Leute *u.* V-Männer = Vertrauensmann, Verbindungsmann
VN = Vereinte Nationen *Plur.*; UN *u.* UNO
v. o. = von oben
Vöck|la|bruck [f...] (oberösterr. Stadt)
Vod|cast ['vɔtka:st], der; -s, -s ‹engl.› (Videopodcast)
Vo|gel, der; -s, Vögel

Vorsicht:
Diese Regeln gelten nur bedingt für Abkürzungen, zitierte Wortformen und Einzelbuchstaben.
- *die km-Zahl*
- *der pH-Wert*
- *der dass-Satz*
- *die x-Achse*

Personen-, Länder-, Städte- und Gebietsnamen

Regel 3:
Namen und Titel werden großgeschrieben.

○ 1 Schreiben Sie die Vornamen und die Länder- bzw. Städtenamen in der korrekten Schreibweise auf.

	Vornamen	Länder bzw. Städte
A Ich heiße erkan und komme aus der türkei.		
B Ich bin shadia aus aleppo.		
C Ich komme aus russland und heiße tatjana.		
D Ich bin oliver aus bremen.		
E Ich bin tafari aus asmara.		
F Ich heiße yonis und komme aus somalia.		
G Ich komme aus syrien und heiße halim.		
H Ich bin edona aus albanien.		

○ 2 Markieren Sie in dem folgenden Wortsalat jeweils die Namen von zwei berühmten Persönlichkeiten. Notieren Sie deren Namen in der richtigen Schreibweise.

Zu 1 bis 3:
Personennamen und geografische Eigennamen werden großgeschrieben.

A ebefebalberteinsteinvqbvqeqefriedrichschillerwjvbqr
B vwevwergustaveeiffelwgbberbillgatesvwevwevverrb
C fewmartinlutherbbewwebbeemahatmagandhiw
D dneieehenryfordngjnencneiekonradadenauermfnngn

A ______

B ______

C ______

D ______

◒ 3 Erfinden Sie mit den in Aufgabe 2 gefundenen Personennamen Namensbezeichnungen. Schreiben Sie diese mit Artikel und einem der folgenden Wörter auf. Verbinden Sie die Wörter mit Bindestrich.

Straße – Platz – Kirche – Gesellschaft – Museum – Stiftung – Berufsschule – Preis

A *die Albert-Einstein-Gesellschaft*

B ______

C ______

R

D ______________________________

E ______________________________

F ______________________________

G ______________________________

H ______________________________

4 Verbinden Sie zwei Wörter zu einem Eigennamen. Schreiben Sie diesen in der richtigen Schreibweise mit einem Artikel auf.

~~pazifisch Ozean~~ – still Ozean – atlantisch Ozean – schwäbisch Alb – bayerisch Wald – fränkisch Schweiz – tschechisch Republik – rot Meer – russisch Föderation – kanarisch Inseln

> Zu 4 und 5:
> Geographische Angaben auf *-er* werden immer großgeschrieben, geographische Angaben auf *-isch* werden nur großgeschrieben, wenn es sich um Eigennamen handelt. Schlagen Sie im Zweifelfall in Wörterbüchern nach.

A der **P**azifische **O**zean

B ______________________________

C ______________________________

D ______________________________

E ______________________________

F ______________________________

G ______________________________

H ______________________________

I ______________________________

J ______________________________

5 Formulieren Sie Ableitungen auf *-isch*.

A Nudeln aus Italien — italien**isch**e Nudeln

B Musik aus Russland ______________________________

C Pralinen aus Belgien ______________________________

D Tanz aus Spanien ______________________________

E Joghurt aus Griechenland ______________________________

F Gastfreundschaft aus der Türkei ______________________________

G Wurst aus Polen ______________________________

H Theorie von Marx ______________________________

Eigennamen und Titel

○ 1 Kombinieren Sie zwei Begriffe sinnvoll. Notieren Sie diese in der korrekten Form und Schreibweise. Fügen Sie den bestimmten Artikel hinzu. Beachten Sie auch die Angaben im Wörterbuch.

> **Zu 1:**
> Eigennamen von verschiedenen Objekten, Institutionen und historischen Ereignissen werden großgeschrieben.

Abend – Bahn – deutsch – erster – heilig – Komitee – Mai – Nationen – olympisch – vereint – Weltkrieg – zweiter

A ______________________ D ______________________

B ______________________ E ______________________

C ______________________ F ______________________

ers|te

Kleinschreibung ↑K 89:
- das erste Schneeglöckchen
- der erste (1.) April
- das erste Mal; beim, zum ersten Mal
- der erste Rang
- die erste Geige spielen
- die erste heilige Kommunion
- das erste Staatsexamen
- der erste Spatenstich
- erster Klasse fahren
- Bachstraße 7, erster Stock

Großschreibung der Substantivierung ↑K 80:
- der Erste, der kam
- als Erster, Erste durchs Ziel gehen
- als Erstes tun
- fürs Erste
- zum Ersten
- mein Erstes war, ein Heft zu kaufen (zuerst kaufte ich …)
- die Ersten werden die Letzten sein
- der Erste des Monats
- vom nächsten Ersten an

Großschreibung in Namen und bestimmten namenähnlichen Fügungen ↑K 88 *u.* 89:
- Otto der Erste (Otto I.)
- der Erste Weltkrieg
- der Erste Geiger (Konzertmeister)
- der Erste Bürgermeister (Amtsbezeichnung)
- die Erste Staatsanwältin (Amtsbezeichnung)
- der Erste Vorsitzende (Dienstbezeichnung)
- der Erste Mai (Feiertag)
- Verdienstkreuz Erster Klasse
- die Erste Bundesliga (oberste Spielklasse)
- das Erste Deutsche Fernsehen (*für* ARD)
- die Erste *od.* erste Hilfe (bei Unglücksfällen)

Man sollte unterscheiden:
- die ersten beiden (das erste und das zweite Glied, das erste Paar einer Gruppe)
- die beiden Ersten (von zwei Gruppen das jeweils erste Glied)

Vgl. auch achte, erstbeste, erstere

○ 2 Schreiben Sie die versteckten Titel in der richtigen Schreibweise auf.

> **Zu 2 und 3:**
> Titel und Amtsbezeichnungen werden (auch in der Anrede) großgeschrieben.

~~rd. porf.~~ – rediktor – studientinrä – dentpräsi germeisbürter – nismiter

A Prof. Dr. ______________________ D ______________________

B ______________________ E ______________________

C ______________________ F ______________________

◒ 3 Schreiben Sie die Filmtitel in der richtigen Schreibweise auf.

A der der ringe herr ______________________

B löwen könig der der ______________________

C tribute panem die von ______________________

D immer shrek für ______________________

R

Satzanfänge

Regel 4:
Satzanfänge werden großgeschrieben.

○ 1 Trennen Sie die Hauptsätze durch einen Punkt ab. Schreiben Sie den Text in der richtigen Groß- und Kleinschreibung.

mein praktikum begann am montagmorgen ich war pünktlich um acht uhr im betrieb dort wurde ich vom meister freundlich begrüßt er stellte mich den anderen kolleginnen und kollegen vor der auszubildende emre führte mich dann durch die werkstatt nach der vormittagspause durfte ich beim reifenwechseln helfen am nachmittag führte ich bei einem kundenwagen unter anleitung einen ölwechsel durch dabei musste ich das altöl im altölwagen auffangen um 17 uhr hatte ich feierabend

Zu 1 und 2:
Das erste Wort eines selbstständigen Satzes wird immer großgeschrieben. Dies gilt auch nach einem Doppelpunkt.

◒ 2 Wandeln Sie die indirekte Rede in direkte Rede um.

Beispiel: Sie sagte, dass sie ein Buch lese. → Sie sagte: „**Ich lese ein Buch.**"

A Der Meister betonte, dass er Pünktlichkeit erwarte.

B Er fragte, ob ich schon Erfahrungen mit Reparaturen habe.

C Ich antwortete, dass ich schon einiges repariert habe.

D Er lächelte und sagte, ich solle mir Mühe geben.

R

Test

Entscheiden Sie, welche Wörter nach der Ziffer (1, 2, 3, 4) korrekt geschrieben sind.

Kreuzen Sie an, was richtig geschrieben ist.

		1	2	3	4
1	Zu den (1) Werkzeugen (2) gehören (3) zangen und (4) Schraubendreher.				
2	Ein (1) wichtiges (2) Messinstrument ist die (3) Elektronische (4) stoppuhr.				
3	Die (1) Kaufleute haben auch (2) werkzeuge oder (3) hilfsmittel für ihre (4) arbeiten.				
4	Im (1) geschäftsleben sind auch (2) gespräche mit (3) kunden sehr (4) wichtig.				
5	Eine (1) Eigenschaft von besonderer (2) wichtigkeit ist die (3) offenheit für die (4) wünsche der Kundschaft.				
6	Man sollte sich auch an die (1) Regeln der (2) höflichkeit und der (3) freundlichkeit (4) halten.				
7	Eine gute (1) Kenntnis der (2) Produkte ist die Grundlage jeglicher (3) tätigkeit im (4) verkauf.				
8	Dies gilt nicht nur für die (1) Älteren (2) mitarbeiter, sondern für (3) alle im (4) Unternehmen.				
9	Die (1) Qualität in der (2) Produktion ist die (3) Basis für langfristige (4) erfolge.				
10	Im (1) betrieb muss deshalb die (2) notwendige (3) disziplin (4) herrschen.				
11	Durch (1) sorgfältige und (2) Achtsame (3) Arbeit kann man eine (4) Hohe Qualität halten.				
12	Meist arbeitet man von (1) Montag bis (2) Freitag, in manchen Berufen muss man auch am (3) samstag oder am (4) sonntag arbeiten.				
13	Die Arbeit beginnt meist am (1) Frühen (2) morgen und endet am (3) späten (4) nachmittag.				
14	Das (1) arbeiten im (2) Praktikum bedeutet ein (3) verändern der bisherigen (4) gewohnheiten.				
15	Beim (1) begrüßen der (2) neuen (3) Kolleginnen und Kollegen sollte man sich nicht (4) Aufspielen.				
16	Weder (1) übertriebenes (2) kuschen noch (3) Unangebrachtes (4) Herumstolzieren sind angebracht.				

Kreuzen Sie an, was richtig geschrieben ist.

		1	2	3	4
17	Es (1) geht nicht (2) darum, immer der (3) erste oder die (4) beste zu sein.				
18	Das (1) wichtige ist das (2) einfache: Man sollte nicht zu den (3) ängstlichen oder den (4) Protzenden zugeordnet werden.				
19	So können (1) mehr als (2) drei (3) viertel aller (4) gespräche gut ausgehen.				
20	Das (1) kommunizieren mit (2) vorgesetzten ist wichtig. Man redet (3) sie im Normalfall mit (4) „sie" an.				
21	Das habe ich meinen Kollegen geschrieben, als (1) ich ihnen eine Nachricht mit den Worten schickte: „Ich hoffe, (2) sie haben mich verstanden und (3) ich konnte (4) ihnen helfen."				
22	Ein (1) auf-(2) die-(3) lange-Bank-(4) schieben ist nicht sinnvoll.				
23	Sie heißen (1) jamina und (2) khalil und sind über die (3) Türkei aus (4) syrien zu uns gekommen.				
24	Ihr Vater Rami war (1) Professor für (2) arabische (3) geschichte in (4) damaskus.				
25	Jetzt (1) arbeitet er für die (2) manfred-(3) raimer-(4) stiftung.				
26	Diese ist im (1) bayerischen Wald (2) angesiedelt und sie arbeitet (3) präzise wie (4) schweizer Uhren.				
27	Da (1) geht es nicht um (2) bayerische Knödel oder um (3) mailänder (4) Salami.				
28	Eigentlich setzt (1) sie die (2) tradition der (3) französischen (4) revolution fort.				
29	(1) Das ist wie in dem Film „(2) das (3) erwachen der (4) macht".				
30	(1) ich bin mir sicher: (2) ich bin jetzt klüger. (3) Jetzt frage ich mich: „(4) werde ich daraus für die Zukunft lernen?"				

S-Schreibung

Regel 1:
Steht der s-Laut zwischen zwei Selbstlauten (Vokalen), wird er mit doppeltem s geschrieben, aber nur wenn vor dem s-Laut ein
- einfacher
- kurzer
- betonter Vokal steht.

Doppeltes s

○ 1 Markieren Sie den Selbstlaut (Vokal), der alle drei Eigenschaften hat: einfach, kurz, betont.

A blass
B Haus
C Faser
D Wasser
E heiß
F Hass
G Gruß
H krass
I bloß
J größer
K muss
L Stoß

○ 2 Setzen Sie korrekt s oder ss ein.

A Kla___e
B gla___ig
C Grä___er
D Kä___e
E Wi___en
F anwei___en
G Intere___e
H Lö___ung
I verge___en
J bewei___en

◒ 3 Erstellen Sie eine Tabelle wie diese. Notieren Sie die folgenden Wörter in der passenden Spalte.

Wörter: Ausweis – besser – Besonderheit – bisher – Bissen – deshalb – deswegen – dösen – eisig – Essig – Kasten – kreisen – Küste – Nässe – rasen – rasten – reisen – versagen

alle Bedingungen für Schreibung mit ss treffen zu	Selbstlaut vor dem s ist nicht betont	Selbstlaut vor dem s wird nicht kurz gesprochen	s-Laut steht nicht nach einfachem Selbstlaut	s-Laut steht nicht zwischen zwei Selbstlauten
lassen	besuchen	verlosen	Gleise	lästig

R

Knifflige Wörter: s und ss

1 Markieren Sie das Wort in Zeile 1) oder 2), das jeweils zum Wort oder Ausdruck in der linken Spalte passt. Ergänzen Sie den s-Laut.

A beinahe	1) Er fa___t das Gehörte zusammen. 2) Ich machte fa___t alles richtig.
B speisen	1) Er i___t unterwegs. 2) Er i___t bereits unterwegs zu uns.
C eine starke Abneigung empfinden	1) Du ha___t 80 von 100 Punkten geschafft. 2) Sie ha___t es, wenn die Arbeit nicht gerecht aufgeteilt wird.
D nicht länger als	1) Bi___ zum Abend war ich mit Aufräumarbeiten beschäftigt. 2) Die Arbeit war hart, aber sie bi___ sich durch.

Zu 1:
Achten Sie bei Unsicherheit auf die Bedeutung der Wörter.
Die Wörter *„bis“, „fast“, „hast“, „ist“* sind unveränderliche Wörter. Werden sie mit ss geschrieben, haben sie eine völlig andere inhaltliche Bedeutung.
Beispiel:
- *fast = beinahe*
- *fasst = greift (auf), packt*

2 Schreiben Sie die vertauscht zusammengesetzten Wörter. Ergänzen Sie dabei den s-Laut korrekt.

A in kaltenna▒ Gegenden nasskalten ____________

B eine rotebla▒ Oberfläche ____________

C noch festbi▒ sein ____________

D mit gepre▒temkalt Öl ____________

Zu 2:
Wenn sich die Regel 1 nach Verlängerung oder Ableitung des Wortes anwenden lässt, wird ebenfalls ss geschrieben.
Beispiele:
- *Riss → Risse* (Verlängerung)
- *wissbegierig → Wissen* (Ableitung)

3 Ergänzen Sie den s-Laut.

A Mi___fallen hervorrufen
B unter Mi___erfolg leiden
C ein Zeugni___ bekommen
D ein Mi___verständnis aufklären
E ein Geständni___ machen
F das Ereigni___ genießen

Regel 2:
Die Vorsilbe „miss“-/„Miss“- und die Mehrzahlform der Endsilbe „-nis“ („-nisse“) werden mit doppeltem s geschrieben.

4 Ergänzen Sie den s-Laut. Notieren Sie die Mehrzahlform (den Plural) der folgenden Wörter.

	Einzahl (Singular)	Mehrzahl (Plural)
A	Kenntni___	____________
B	Versäumni___	____________
C	Verhältni___	____________
D	Hinderni___	____________

Merkwörter:
bis
(sie) biss/bissen
der Biss/Bissen
ein bisschen
fast
(er) fasst
Hindernisse
meistens
Missverständnis
wissbegierig
Assistent/
Assistentin
Interesse/
interessant

Sätze mit dass

Regel 3:
Von allen Bindewörtern (Konjunktionen) schreibt man nur „dass" und „sodass" mit doppeltem s.

○ **1** **Verknüpfen Sie jeweils den Satz in der linken Spalte mit dem in der rechten durch das Bindewort (die Konjunktion) „dass". Trennen Sie den dass-Satz durch Komma ab. Achten Sie auf den Satzbau des Nebensatzes und die Rechtschreibung.**

A Ich spürte sofort, ▪ Dieser Beruf gefällt mir.

*Ich spürte sofort, **dass** mir dieser Beruf gefällt.*

B Ich glaube, ▪ Für diesen Beruf bin ich geeignet.

____

C Früher meinte ich, ▪ Ich sollte etwas Kaufmännisches machen.

____

D Aber nun weiß ich, ▪ Ich bin eher handwerklich begabt.

____

E Ich wünsche mir, ▪ Ich mache erfolgreich eine Ausbildung.

____

F Ich hoffe, ▪ Mir gelingt das.

____

G Auch meine Eltern wollten, ▪ Ich erlerne einen Handwerksberuf.

____

Zu 1:
Nach den Tätigkeitswörtern (Verben) des Fühlens, Meinens, Wissens, Wünschens und Wollens steht häufig ein *„dass"*-Satz.
Beispiel:
*Es **freut mich, dass** ich bei Ihnen ein Praktikum machen darf.*

◒ **2** **Formulieren Sie aus den beiden Sätzen einen Haupt- und einen Nebensatz mit „dass". Beginnen Sie mit dem dass-Satz. Trennen Sie ihn durch Komma ab. Achten Sie auf die Rechtschreibung und den Satzbau.**

Beispiel: Man muss sich an die Regeln halten. Das ist für mich einsichtig.
→ ***Dass** man sich an die Regeln halten **muss, ist** für mich einsichtig.*

A Man muss sich anstrengen. Das weiß ich.

____

B Man ist nicht ständig motiviert. Das ist eigentlich natürlich.

____

C Der Erfolg zeigt sich erst später. Das sollte man nicht vergessen.

____

3 Wandeln Sie den zweiten Satz in einen dass-Satz um.
Fügen Sie ihn an der markierten Stelle (•) ein.
Trennen Sie den dass-Satz durch Kommas ab.
Achten Sie auf die Rechtschreibung.

Beispiel: Den Vorschlag • finde ich gut. Wir machen alle zur gleichen Zeit Feierabend.
→ *Den **Vorschlag, dass** wir alle zur gleichen Zeit Feierabend machen, finde ich gut.*

A Die Wahrscheinlichkeit • ist dann größer.
Man unternimmt mit dem einen oder anderen danach etwas.

____

____

B Das Gefühl • ist nicht so stark.
Ein anderer hat vielleicht einen Vorteil.

____

____

C Natürlich ist die Idee • manchmal vorteilhaft.
Jeder bestimmt seine Feierabendzeit innerhalb einer Stunde selbst.

____

____

4 a) Kreuzen Sie an, ob an den gekennzeichneten Stellen (•) *„dieses“*, *„jenes“* oder *„welches“* eingesetzt werden kann.
b) Notieren Sie dann die Sätze, in denen *„dass“* eingesetzt werden muss.

Zu 4:
Das Bindewort (die Konjunktion) *„dass“* kann nicht durch *„dieses“*, *„jenes“* oder *„welches“* ersetzt werden.

		einsetzbar	nicht einsetzbar
A	Ich bin stolz, • ich viele kleinere Reparaturen im Haushalt selbst ausführen kann.	○	○
B	Es ist bares Geld, • man hierbei sparen kann.	○	○
C	Das bedeutet aber nicht, • Handwerker eigentlich überflüssig sind.	○	○
D	Man merkt bei Reparaturen häufig, • man an seine Grenzen stößt.	○	○
E	Deshalb schwindet auch nicht das Vertrauen, • ich in gute Handwerker setze.	○	○
F	Häufig kommt es vor, • man einfach keine Zeit hat.	○	○

1 ______________________________

2 ______________________________

3 ______________________________

4 ______________________________

R

Sätze und Wörter mit das

○ 1 Markieren Sie die drei Sätze, in denen der Artikel unbedingt hinzugefügt werden muss. Ergänzen Sie den Artikel.

A ________ Zuhören ist etwas Wichtiges.
B Ich kann mich gut mündlich ausdrücken, aber ________ Schreiben bereitet mir Probleme.
C ________ Gesetz muss man beachten.
D Es ist auch ________ Verhalten, das bei der Beurteilung zählt.
E Ich durfte mithelfen, ________ Fahrzeug zu reparieren.
F Mir schmeckt ________ Gebäck, das nicht so süß ist, viel besser.

Zu 1 bis 6:

Wenn Sie nicht sicher sind, ob Sie „das" oder „dass" schreiben müssen, prüfen Sie, ob es sich um
- einen sächlichen **Artikel** (Begleiter),
- ein hinweisendes Fürwort (Demonstrativpronomen),
- ein bezügliches Fürwort (Relativpronomen) handelt.

Diese Wortarten schreibt man mit einfachem s.

◒ 2 Formulieren Sie auf der Grundlage der angegebenen Wörter vollständige Sätze. Ergänzen Sie dabei das hinweisende Fürwort (Demonstrativpronomen) „das". Notieren Sie das Kontrollwort *„dieses"* oder *„jenes"* in Klammern.

A mir – gefällt *Das (dieses/jenes) gefällt mir.*
B gehört – sich – nicht ________________
C Risiko – ein – ist ________________
D ganz – einfach – ist – doch ________________
E vergessen – man – nicht – darf ________________
F ob – er – ihm – gesagt – hat, – nicht – ich – weiß ________________

Zu 2:

Das **hinweisende Fürwort** (Demonstrativpronomen) „das" kann durch „dieses" oder „jenes" ersetzt werden.
Es steht häufig am Anfang des Satzes.

Beispiel:

***Das (= dieses/jenes)** passt.*

◒ 3 Formulieren Sie aus dem zweiten Satz einen Nebensatz mit dem bezüglichen Fürwort (Relativpronomen) „das". Fügen Sie den Satz an der markierten Stelle (•) ein. Trennen Sie ihn durch Komma vom übrigen Satz ab.

A Es gibt kein Anliegen •. Man bemüht sich nicht darum.

Es gibt kein Anliegen, um das man sich nicht bemüht.

B Das Personal • ist sehr freundlich. Es arbeitet in unserer Gaststätte.

____

C Vor allem das Küchenteam • wird sehr geschätzt. Es wird von allen geliebt.

____

D Auch ins Servieren • wurde ich eingewiesen. Es verlangt einige Übung.

____

Zu 3:

Das **bezügliche Fürwort** (Relativpronomen) „das" kann durch „welches" ersetzt werden.
Es bezieht sich auf ein nahe davorstehendes Hauptwort (Substantiv) oder Fürwort (Pronomen).

Beispiel:

*Das Gebäude, **das (= welches)** zu unserem Geschäft gehört, liegt auf der anderen Straßenseite.*

4 Kreuzen Sie an, welche Wortart das unterstrichene Wort ist.

	Artikel	hinweisendes Fürwort (durch „dieses"/„jenes" ersetzbar)	bezügliches Fürwort (durch „welches" ersetzbar)
A (1) Das ist (2) das Einzige, was wir aus Zeitgründen nicht intensiv üben konnten.	x (2)	x (1)	
B So lernte ich auch (1) das Löten, (2) das mir sehr viel Spaß machte.			
C Auch (1) das Programm, (2) das wir an den übrigen Tagen absolvierten, war für mich interessant.			
D (1) Das Besondere war: Ich durfte überall mitmachen; (2) das hat mir sehr geholfen.			
E (1) Das zu erleben, war schon (2) das Geld wert.			
F (1) Das Aufräumen, (2) das eben auch zu diesem Geschäft gehört, war etwas mühsam.			

5 In jedem Satz (A–E) befindet sich ein Fehler in der das-/dass-Schreibung.
Streichen Sie das fehlerhaft geschriebene Wort durch.
Schreiben Sie es in der rechten Spalte richtig auf.

A Du erklärtest (1) das Verhalten so nachvollziehbar, (2) das wir es alle verstanden haben.	
B Ich denke, (1) das du (2) das Schema sehr anschaulich erläutert hast.	
C Ich habe (1) das so verstanden, (2) dass du noch mehr hättest sagen können, du (3) dass aber aus Zeitgründen nicht getan hast.	
D (1) Das hast du richtig beobachtet, (2) dass wollte ich damit ausdrücken.	
E (1) Dass du (2) dass Überflüssige weggelassen hast, (3) das spricht für dich.	

6 Markieren Sie den Satz (1 oder 2), der richtig geschrieben ist.
Notieren Sie den Satz, in dem „das"/„dass" falsch geschrieben wurde, in korrekter Weise.

A 1) Ich weiß das genau. ____________________

2) Ich weiß, das genau dass passiert. ____________________

B 1) Das ich das bemerkt habe, war reiner Zufall. ____________________

2) Das habe ich bemerkt, aber das war reiner Zufall. ____________________

C 1) Das dass eine gute Entscheidung war, sagt mir mein Gefühl. ____________________

2) Ich habe im Gefühl, dass das eine gute Entscheidung war. ____________________

D 1) Ich hoffe, dass ihr das Stück gefällt. ____________________

2) Die Hoffnung, das ihr dass Stück gefällt, habe ich noch. ____________________

Wörter mit ß

Regel 4:
Der stimmlose s-Laut nach langem Selbstlaut (Vokal) oder Doppellaut (Diphthong, z. B. ei, eu) wird ß geschrieben.

○ 1 Notieren Sie die folgenden Wörter in der korrekten Spalte.

Wörter:

lose – Blase – Maß – Fuß – Stoß – ~~Häuser~~ – Gleise – Spaß – reißen – reisen – ~~außer~~ – fleißig – riesig – Verschleiß – heißen – leise

s-Laut stimmhaft gesprochen	s-Laut stimmlos gesprochen
Häuser	außer

◒ 2 Verlängern Sie die Wörter. Schreiben Sie sie in die korrekte Zeile der Tabelle.

Wörter:

~~Beweis~~ – ~~bloß~~ – Gras – groß – Gruß – heiß – Hinweis – Kreis – Maus – Verstoß

Zu 2:
Oft kann man durch die Verlängerung der Wörter hören, ob *s* oder *ß* geschrieben werden muss.
Beispiel:
Das Haus ist wei**ß**. (stimmlos)
Das wei**ß**e Haus. (weiterhin stimmlos)

s-Laut im verlängerten Wort stimmhaft gesprochen	Beweise
s-Laut im verlängerten Wort stimmlos gesprochen	bloße

◒ 3 Notieren Sie das entsprechende Tätigkeitswort (Verb) mit ß.

A	Riss	reißen	D	Fluss		G	Genuss	
B	Schluss		E	Guss		H	Schloss	
C	Biss		F	Beschluss		I	Entschluss	

● 4 Schreiben Sie die Sätze. Setzen Sie das Tätigkeitswort (Verb) in Klammern in die Vergangenheitsform.

Beispiel: Die Gäste (verlassen) den Raum. → *Die Gäste* ***verließen*** *den Raum.*

A Bei der Betriebsfeier (lassen) die Geschäftsleitung einen Caterer kommen.
B Dieser dachte an alles und (vergessen) nichts.
C Der Aufbau des Büfetts dauerte lange, die Gäste (sitzen) schon an den Tischen.
D Aber sie (besitzen) Geduld.
E Sie (messen) dieser Verzögerung keine große Bedeutung bei.
F Weil es so gut schmeckte, (essen) sie das gesamte Büfett leer.

A ______________________________

B ______________________________

C ______________________________

D ______________________________

E ______________________________

F ______________________________

5 Lösen Sie diese Rätselaufgaben. Suchen Sie die Antworten unter den angegebenen Wörtern. Notieren Sie die Lösungen.

Wörter:

Gefäß – Gruß – heiß – heißen – mäßig – Ruß – Soße – Spaß – Strauß – süß – weiß – zerreißen

Zu 5:
Es gibt wenige häufig vorkommende Wörter mit ß, daher ist es sinnvoll, sich diese einzuprägen.

	Rätselaufgaben	Lösungen
A	Oberbegriff für „Vase, Trinkglas, Krug, Eimer"	
B	Gegenteil von schwarz	
C	übermittelt ihn oder lässt ihn an einen anderen übermitteln	
D	Gegenteil von Ernst	
E	Wort, das im Französischen „sauce" geschrieben wird	
F	anderes Wort für „Gebinde aus Blumen"	
G	anderes Wort für „gering"	
H	Geschmack von Zucker	
I	das Gegenteil von kalt	
J	den Namen haben	
K	Teilchen, die nach der Verbrennung entstehen	
L	Papier gewaltsam in Stücke teilen	

Merkwörter:

aus	Haus	(er/sie/es) weist	heißen	stoßen	Grieß	Spieß, Strauß
Ausweis	Kreis	beißen	reißen	süßen	Gruß	süß,
Fliese	meist	fließen	schießen	außen	heiß	Verschleiß
Glas	Reise	genießen	schließen	Fuß	Maß	weiß
Gras	riesig	gießen	schmeißen	Gefäß	Ruß	
Greis	weise	grüßen	schweißen	gemäß	(er/sie/es) saß	

R

Test

Entscheiden Sie, welche Wörter nach der Ziffer (1, 2) korrekt geschrieben sind.

Kreuzen Sie an, was richtig geschrieben ist:

		1	2
1	(1) Dass Gespräch verlief (2) besser, als ich erwartet hatte.		
2	(1) Bloses Schätzen hilft hier nicht, man sollte schon genau (2) Mas nehmen.		
3	(1) Das ich (2) dass gesagt haben soll, ist mir nicht mehr in Erinnerung.		
4	Ich habe mich so deutlich (1) geäußert, dass es zu keinen (2) Mißverständnissen kommen konnte.		
5	(1) Dass mehrere Bewerber gleichzeitig eingeladen wurden, (2) dass war für mich überraschend.		
6	Schon vor meinem Praktikum hatte ich einige (1) Kenntnise auf diesem Gebiet (2) besessen.		
7	Sie können sich darauf (1) verlasen, (2) dass ich immer pünktlich sein werde.		
8	Heute (1) musste ich den ganzen Tag die Decken (2) weis streichen.		
9	(1) Fasst den ganzen Tag haben wir Material für die (2) Mese zusammengestellt.		
10	Hierbei (1) isst es wichtig, nichts zu (2) vergessen.		
11	Bitte entschuldigen Sie, (1) das ich (2) das heute einfach nicht geschafft habe.		
12	Es war (1) verhältnismäsig (2) heis auf der Baustelle.		
13	Man sollte (1) wissen, wie man die (2) Blassenbildung beim Tapezieren verhindert.		
14	(1) Meißtens ist am Vormittag relativ wenig (2) loss.		
15	Auf diesen (1) Preiss können wir keinen (2) Nachlaß geben.		
16	Ich merke, (1) dass mich (2) das doch beschäftigt.		
17	(1) Das (2) das alles an einem Tag gemacht wird, war mir vorher nicht klar.		
18	Ich (1) vergewisserte mich noch einmal, ob ich auch richtig (2) gemesen habe.		
19	Mit diesem (1) nassen Haar solltest du nicht nach (2) draussen gehen.		
20	(1) Gemäß Anleitung füllt man es erst in kleine (2) Gefäse ab.		

Lösungen 9cw465

Getrennt- und Zusammenschreibung

Regel 1:
Wörter werden zusammengeschrieben, wenn sie sich sinnvoll verbinden lassen.

Zusammengeschriebene Hauptwörter (Substantive)

○ **1** a) Lesen Sie die Wörter A–F. Unterstreichen Sie den Teil, der aussagt, um welche Sache es geht.

A Autoschlüssel	C Fensterrahmen	E Zimmerdecke
B Wohnungstür	D Wandfarbe	F Kreisverkehr

b) Schreiben Sie auf, um welche Sache es bei den Wörtern B bis F geht.
Notieren Sie auch das Besondere an dieser Sache.

A *Es geht um einen Schlüssel, der für ein Auto passt.*

B ______

C ______

D ______

E ______

F ______

Zu 1 und 2:
Bei Wörtern, die zusammengeschrieben werden, sagt der zweite Bestandteil (= Tür) immer, um welche Sache es geht.
Beispiel:
Schranktür
Es geht um eine besondere Tür, nämlich die Tür, die Teil eines Schrankes ist.

2 Schreiben Sie ein mehrteiliges Hauptwort (Substantiv) auf, das zu den Umschreibungen passt.

A ein Block, auf dem man Notizen vermerkt: Notizblock

B ein Bericht, der einen Unfall protokolliert: ______

C ein Stuhl, der in einem Büro steht: ______

D ein Protokoll, das Ergebnisse festhält: ______

E ein Regal, das in einem Lager steht: ______

F eine Liste, auf der Preise stehen: ______

3 Verbinden Sie die Wörter sinnvoll zu einem einzigen Wort. Fügen Sie bei Bedarf ein Fugen-s ein. Notieren Sie das Hauptwort (Substantiv) mit Begleiter (Artikel) und schreiben Sie es groß.

A Bildung – aus – Zeit die Ausbildungszeit

B Schutz – Helfer – Brand ______

C Tuch – Hand – Halter ______

D Ticket – Ball – Fuß ______

E Gummi – Schuh – Hand ______

F tief – Truhe – kühl ______

4 Setzen Sie jeweils das Wort in der Klammer in die Lücke ein. Verbinden Sie das Wort mit einem Bindestrich und einer passenden Abkürzung.

> Zu 4:
> Enthält ein mehrteiliges Wort eine Abkürzung, wird es mit einem Bindestrich geschrieben.
> Beispiel:
> *die AB-Nachricht*
> (= die Nachricht auf dem Anrufbeantworter)

Abkürzungen:

CD (= Compact Disc) – EU (= Europäische Union) – IHK (= Industrie- und Handelskammer) – IT (= Informationstechnologie) – Kfz (= Kraftfahrzeug) – WM (= Weltmeisterschaft)

A Das WM-Finale findet in Berlin statt. (Finale)

B Der ______ ist bis Montag im Angebot. (Player)

C Die ______ ist vom Hubraum des Motors abhängig. (Steuer)

D Für ______ gibt es besondere Eignungstests. (Berufe)

E Alle ______ bieten Ausbildungsplätze für diesen Beruf an. (Länder)

F Die ______ ist am Montag. (Prüfung)

R

Zusammengeschriebene Eigenschaftswörter (Adjektive)

○ **1** a) Verbinden Sie ein Wort aus Spalte 1 sinnvoll mit einem Wort aus Spalte 2. Notieren Sie das Wort hinter der passenden Erklärung.

	1	2	Erklärung	Eigenschaftswort (Adjektiv)
A	~~super~~	hart	sehr schnell	superschnell
B	eis	hoch	so kalt wie Eis	
C	stein	neu	so hart wie ein Stein	
D	meter	kalt	etwas ist sehr hoch	
E	nagel	rot	etwas ist ganz neu	
F	dunkel	~~schnell~~	das Rot ist tief dunkel	

b) Setzen Sie die Wörter aus der Aufgabe a) sinnvoll ein.

A Das Paket wurde superschnell geliefert.

B Die Kartons stapeln sich ______________________.

C Das Brot ist von vorgestern. Es ist ______________________.

D Die Farbe der Bluse ist ______________________.

E Die Limonade stand im Kühlschrank. Sie ist ______________________.

F Die Wohnung wird nicht renoviert. Sie ist ______________________.

Zu 1 und 2:
Ein Eigenschaftswort (Adjektiv) schreibt man mit einem anderen Wort zusammen, wenn
- der erste Bestandteil den zweiten verstärkt,
  Beispiel: *meterhoch*
- die beiden Teile gleichwertig sind,
  Beispiel: *rutschfest*
- der erste Teil die Bedeutung des zweiten näher beschreibt oder bestimmt.
  Beispiele: *dunkelrot, säurefest*

◒ **2** a) Verbinden Sie die Wörter aus den Spalten 1 und 2 zu einem Wort.
Notieren Sie das Wort nach der passenden Erklärung.
Schreiben Sie klein und zusammen.

	1	2	Erklärung	Eigenschaftswort (Adjektiv)
A	~~Kreis~~	empfindlich	geformt wie ein Kreis	kreisförmig
B	Einsatz	gefährlich	bereit für den Einsatz	
C	Gebrauch(s)	~~förmig~~	fertig für den Gebrauch	
D	Leben(s)	fertig	gefährlich für das Leben	
E	Licht	beständig	bei Licht empfindlich	
F	Hitze	bereit	beständig bei Hitze	

R

b) Ergänzen Sie den Begleiter (Artikel) und die Wörter aus Aufgabe a). Achten Sie dabei auf die richtigen Endungen.

A die kreisförmigen Schilder

B ____ ________________ Gerät

C ____ ________________ Spachtelmasse

D ____ ________________ Aktion

E ____ ________________ Material

F ____ ________________ Sensoren

3 a) Lesen Sie diesen Ausschnitt aus dem Wörterbuch und die Erläuterungen dazu.

Die alphabetisch angeordneten Stichwörter sind halbfett gedruckt.

od. = oder

Beispiele zur Verdeutlichung

Worttrennungen sind durch | markiert.

Er|fo̩lgs|zif|fer; Er|fo̩lgs|zwang
Er|fo̩lg ver|spre|chend, er|fo̩lg|ver|spre|chend; Erfolg versprechende *od.* erfolgversprechende Maßnahmen; *aber nur* großen Erfolg versprechende Maßnahmen, höchst erfolgversprechende Maßnahmen; diese Maßnahme ist noch erfolgversprechender, am erfolgversprechendsten ↑K58
er|for|der|lich

Die Rechtschreibregel lässt mehrere Schreibungen zu. Die Formen sind durch Komma getrennt. **Beide Schreibungen** sind gleichberechtigt. Die vom Duden-Verlag empfohlene Schreibvariante ist gelb unterlegt.

Kursive Schreibung für einen besonderen Hinweis, in diesem Fall eine Einschränkung.

Verweis auf die Kennziffer im Erläuterungsteil, in dem weitere Hinweise zu finden sind.

b) Ergänzen Sie jeweils in der zweiten Zeile ein passendes Wort in der richtigen Form. Orientieren Sie sich bei der Schreibung an den Ausschnitten 1–3 aus dem Wörterbuch.

A Das ist ein Unternehmen, das Gewinn bringt.

Das ist ein ________________________________ Unternehmen.

B Es handelt sich um Menschen, die Hilfe suchen.

Es handelt sich um ________________________________ Menschen.

C Er schüttelte den Kopf, als er das Ergebnis sah.

________________________________ nahm er das Ergebnis zur Kenntnis.

Ausschnitt 1

Ge|wi̩nn|an|teil; Ge|wi̩nn|aus|schüt|tung; Ge|wi̩nn|be|tei|li|gung
ge|wi̩nn|brin|gend, Ge|wi̩nn brin|gend ↑K58: eine gewinnbringende *od.* Gewinn bringende Investition; *aber nur* eine großen Gewinn bringende Investition; eine äußerst gewinnbringende, noch gewinnbringendere Investition

Ausschnitt 2

Hi̩l|fe|schrei; Hi̩l|fe|stel|lung
Hi̩l|fe su|chend, hi̩l|fe|su|chend ↑K58; *aber nur* rasche Hilfe suchend; den Hilfesuchenden *od.* Hilfe Suchenden beistehen
hi̩lf|los; Hi̩lf|lo|sig|keit, die; -

Ausschnitt 3

Ko̩pf|schmuck; Ko̩pf|schup|pe *meist Plur.*; **Ko̩pf|schuss**
Ko̩pf|schüt|teln, das; -s; **ko̩pf|schüt|telnd**
Ko̩pf|schutz; Ko̩pf|schüt|zer

Merkwörter zu 1 und 2:				**Merkwörter zu 3:**
bitterböse	eiskalt	meterhoch	superschnell	atemberaubend
blauäugig	gleichzeitig	minderjährig	todsicher	freudestrahlend
butterweich	hellblond	volljährig	nasskalt	kopfschüttelnd
dunkelrot	jahrelang	minderwertig		lebensrettend
einsatzbereit	kreisförmig	stundenlang		maßgebend

Zusammenschreibung von Wörtern mit bestimmten Bestandteilen

○ **1** a) Bilden Sie mit den Wörtern ein zusammengeschriebenes Wort mit „irgend".

~~wie~~ – jemand – wann – wo

A irgendwie ______ C ______

B ______ D ______

b) Ergänzen Sie die Lücken mit den Wörtern aus Aufgabe a). Schreiben Sie am Satzanfang groß.

A Ich muss heute noch irgendwie zum Bahnhof kommen.

B ______ in den nächsten zwei Wochen muss der Bericht fertig sein.

C Der Quittungsblock liegt meistens ______ in der Schublade.

D ______ muss noch die Waren ausliefern.

> Zu 1 und 2:
> Ausdrücke mit folgenden **ersten Bestandteilen** schreibt man zusammen:
> bei-, der-, irgend-, nichts-, zu-, so-
> Beispiele:
> *irgendwas, sobald, beiseite*
>
> → Siehe Merkwörter

◒ **2** a) Verbinden Sie „zu" mit den Silben -nächst, -letzt, -mindest, -erst.

A zunächst ______ B ______ C ______ D ______

b) Setzen Sie die Wörter aus a) in die passenden Lücken. Schreiben Sie am Satzanfang groß.

A Zunächst musst du in die Beethovenstraße fahren und dann zum Tiergarten.

B Vor deiner Mittagspause gehst du bitte ______ noch ins Lager und holst neuen Toner für den Drucker.

C Die ______ benutzten Akten solltest du in den Schrank zurückstellen.

D Heute durfte ich ______ mal eine Stunde ohne Aufsicht arbeiten.

◒ **3** a) Verbinden Sie je ein Wortteil aus Spalte 1 und Spalte 2.

	1	2	Eigenschaftswort (Adjektiv)
A	manch-	-mals	
B	normaler-	~~-dings~~	
C	~~neuer-~~	-mal	neuerdings
D	nie-	-weise	

> Zu 3:
> Ausdrücke mit folgenden **zweiten Bestandteilen** schreibt man zusammen: -dessen, -dings, -falls, -halber, -mal, -mals, -seits, -so, -wegs, -weise, -wo, -zeit, -zeiten, -zu
> Beispiele:
> *vorsichtshalber, unterwegs, jedenfalls*
>
> → Siehe Merkwörter

R

b) Fügen Sie die Wörter aus Aufgabe a) sinnvoll ein. Schreiben Sie am Satzanfang groß.

A Neuerdings suchen viele Jugendliche eine Ausbildungsstelle in der Gastronomie.

B In der Großküche sollte man ____________________ ohne Haube arbeiten.

C Produktionshelfer brauchen ____________________ keine Ausbildung.

D ____________________ ist der erste Eindruck bei einem Vorstellungsgespräch entscheidend.

4 Ergänzen Sie die Lücken in den Sätzen (B–F). Achten Sie bei den Verben auf die Verbform.

A *krankfeiern – krank feiern*
Du warst gestern nicht im Büro. Hast du krankgefeiert?
Du warst bei deinem Geburtstag erkältet und hast krank gefeiert?

B *sowie – so wie*
Frau Jander __________ ihr Kollege sind heute auf einer Fortbildung.
Ich mache meine Arbeit ________________ immer.

C *schief gehen – schiefgehen*
Das Projekt ist leider ____________________________.
Mit solchen Absätzen kann man doch nur ____________________________.

D *soviel – so viel*
______________________ ich weiß, ist der Chef noch bei einer Besprechung.
Bitte nimm nicht ______________________ Zucker!

E *so weit – soweit*
______________________ ich sehen kann, ist die Straße frei.
______________________ ich es beurteilen kann, ist die Aufgabe richtig gelöst.

F *zurzeit – zur Zeit*
Ich habe ______________________ keine feste Arbeitsstelle.
______________________ meiner Großeltern war Deutschland noch geteilt.

Zu 4:
Wenn man zusammenschreibt, kann sich die **Gesamtbedeutung** verändern.
Beispiele:
sitzen bleiben/sitzenbleiben:
– *In der U-Bahn sind alle sitzen geblieben.* (= wörtliche Bedeutung)
– *Ich bin in der Schule sitzengeblieben.*
– *Wir sind auf dem Obst sitzengeblieben.* (= übertragene Bedeutungen)

Merkwörter zu 1 bis 3:

bedauerlicherweise	einfachheitshalber	irgendjemand	unterwegs
beiseite	genauso	jederzeit	zuletzt
beizeiten	hierzu	keinesfalls	zurzeit

Zusammengeschriebene Tätigkeitswörter (Verben)

○ **1** **a) Schreiben Sie jeweils das zum Bild passende Wort in die Zeile 3.**

brechen – ~~stapeln~~ – bringen – stellen

b) Verbinden Sie die Wörter in den Zeilen 1 bis 3 und notieren Sie das Wort in Zeile 4.

	A	B	C	D

1	auf	aus	durch	über
2	einander	einander	einander	einander
3	*stapeln*			
4	*aufeinanderstapeln*			

c) Setzen Sie die Wörter aus b) in die Sätze A – D ein.

A Die Stühle bitte *aufeinanderstapeln*.

B Die Schokolade bitte vorsichtig ________________.

C Wichtige Akten bitte nicht ________________.

D Die Plastikdosen bitte ________________.

Zu 1 bis 3:

Tätigkeitswörter (Verben) werden mit unveränderbaren Wörtern (Partikeln) und anderen Wortarten zusammengeschrieben
- in der Grundform (Infinitiv),
- als Mittelwort (Partizip) und
- am Ende eines Nebensatzes.

Beispiele:
- ***fort****laufen* (Grundform)
- ***fortzu****laufen* (Grundform mit „zu“)
- Die ***fort****laufende* Entwicklung (Mittelwort I)
- Er ist ***fortge****laufen*. (Mittelwort II)
- Es ist vernünftig, dass er jetzt nicht ***fort****läuft*. (Ende des Nebensatzes)

→ Siehe Merkwörter.

◒ **2** **a) Markieren Sie die vier Tätigkeitswörter (Verben), die in dem Wortgitter (senkrecht und waagrecht) versteckt sind.**

d	r	y	c	k	a	n	o	p	f	w	a
q	l	n	c	o	z	u	c	x	o	n	l
o	p	i	z	m	a	l	e	i	t	e	e
y	t	e	u	m	w	e	r	a	s	n	i
l	ö	s	t	e	l	l	e	n	r	a	t
p	x	w	e	n	a	k	h	o	l	b	e
o	s	s	c	h	l	i	e	ß	e	n	n
l	a	p	r	s	i	w	y	z	u	d	g
m	n	q	e	t	v	x	o	b	c	f	h

b) Verbinden Sie jedes Tätigkeitswort (Verb) aus Aufgabe a) je zweimal mit dem passenden Wort:

zurück – ~~vor~~ – auf – weiter

Ergänzen Sie mit dem neuen Wort die Sätze C–H in der korrekten Form.

A Beate Seger musste sich kurz vorstellen.

B Nachdem sie sich vorgestellt hatte, konnte man ihr Fragen stellen.

C Spätestens in zwei Wochen wird sie wieder ins Büro ______________________.

D Wir freuen uns, dass sie ______________________ ist.

E Er wird das Lager jeden Morgen um 9 Uhr ______________________.

F Bisher wurde es erst um 10:00 Uhr ______________________.

G Die Bestellung werden wir ______________________.

H Sobald sie ______________________ ist, erhalten Sie eine Nachricht.

3 a) Notieren Sie die Grundform (Infinitiv) des Tätigkeitsworts (Verbs) (siehe Unterstreichungen).

	Grundform (Infinitv)
A Wenn die Auftragslage so bleibt, geht das Unternehmen bankrott.	bankrottgehen
B Die Mitarbeiter tun mir leid.	
C Die Verträge liegen zur Unterschrift bereit.	
D An der Schulung nehmen nur acht Personen teil.	
E In Halle 7 findet eine Veranstaltung statt.	
F Dieses Metall hält großem Druck stand.	

b) Vervollständigen Sie die Sätze in der richtigen Form mit den Tätigkeitswörtern (Verben) aus a).

A Die Verträge haben bereitgelegen.

B Acht Personen haben ______________________.

C Die Veranstaltung hat ______________________.

D Es hat dem Druck ______________________.

E Das Unternehmen ist ______________________.

F Die Mitarbeiter haben mir ______________________.

Merkwörter zu 1 und 2:

ab-
abwärts-
an-
auf-
aus-
bei-
da-
dafür-
dagegen-
daher-
dahin-
daneben-
dar-
d(a)rauf-
darum-
darunter-
davon-
davor-
dazwischen-
durch-
ein-
einher-
empor-
entgegen-
entlang-
entzwei-
fort-
gegen-
gegenüber-
her-
herab-
heran-
herauf-
heraus-
herein-
herüber-
herum-
herunter-
hervor-
hin-
hinauf-
hinaus-
hindurch-
hinein-
hinterher-
hinunter-
hinzu-
instand-
los-
mit-
nach-
nebenher-
nieder-
über-
überein-
überhand-
um-
umher-
umhin-
unter-
vor-
voran-
voraus-
vorbei-
vorher-
vornüber-
vorüber-
weg-
weiter-
wieder-
wider-
zu-
zurück-
zusammen-
zuvor-
zuwider-
zwischen-

Merkwörter zu 3

bankrottgehen
bereithalten
bankrottgehen
bereithalten
heimzahlen
(sich) krankmelden
leidtun
standhalten
stattfinden
teilnehmen

R

Grundform (Infinitiv) mit „zu“

Regel 2:
Die Grundform (der Infinitiv) mit „zu“ wird nur bei dem Tätigkeitswort (Verb) zusammengeschrieben, das auch in Einzelwörter aufgeteilt vorkommen kann.

1 Entscheiden Sie, welche Tätigkeitswörter in einzelne Wörter aufgeteilt vorkommen, welche nicht. Machen Sie dazu die Probe, indem Sie einen Satz nach folgendem Muster formulieren.

Grundform (Infinitiv)	Probe	In Einzelwörter aufteilbar	
		ja	nein
A aufgeben	Ich gebe auf.	x	
B entspannen	Ich spanne ent.		x
C missachten			
D einkaufen			
E teilhaben			
F volltanken			
G zerbrechen			

Zu 1 und 2:
Es gibt Tätigkeitswörter (Verben), die in einzelne Wörter aufgeteilt vorkommen können.
Beispiel:
heraussuchen:
– *Er **sucht** die Akten **heraus**.*
(in Einzelwörter aufgeteilt)
– *Der Chef hat ihn gebeten, die Akten herausz**u**suchen.*
(Grundform/Infinitiv)
Aber:
übersehen:
– *Ich **übersehe** diesen Fehler nie.*
(nicht in Einzelwörter aufteilbar)
– *Der Fehler ist nicht **zu** übersehen.*
(Grundform/Infinitiv)

2 Notieren Sie jeweils das Tätigkeitswort (Verb) mit dem Wort in Klammern als ein Wort in der Grundform (Infinitiv). Erweitern Sie es mit „zu“.

A schreiben (auf) Es ist wichtig, die Vereinbarung aufzuschreiben.

B hören (zu) Ich bitte Sie, jetzt gut ______.

C schicken (ab) Wir dürfen nicht vergessen, die Briefe ______.

D bringen (mit) In der Prüfung ist es nicht erlaubt, Unterlagen ______.

E wechseln (aus) Jemand muss daran denken, die Glühlampe ______.

F gehen (weg) Ich habe dir verboten, von der laufenden Maschine ______.

3 Setzen Sie jeweils das Wort aus der linken Spalte in den Satz ein. Erweitern Sie es mit einem zusätzlichen „zu“.

Zu 3:
Bei einem Verb mit der Vorsilbe „zu“ (betonte Silbe) wird die Grundform (Infinitiv) mit dem „zu“ zusammengeschrieben.
Beispiel:
zuhören →
Ihm fällt es schwer, gut zuzuhören.

A zugeben Es war bisher nicht meine Stärke, einen Fehler zu**zu**geben ______.

B zuschließen Hoffentlich hat niemand vergessen, die Werkstatt ______.

C zusagen Ich habe nicht daran gedacht, den Termin fest ______.

D zusehen Ich habe Zeit, dir bei deiner Probearbeit ______.

Zeiten und Zahlen

Regel 3:
Zusammengeschrieben werden
- Wochentage mit Tageszeiten,
- Grundzahlen (Kardinalzahlen) unter einer Million und
- alle Ordnungszahlen (Ordinalzahlen).

○ 1 Ergänzen Sie die Lücken.
Schreiben Sie den Wochentag und die Tageszeit (in Klammern angegeben) zusammen.

A Am Montag*morgen* waren endlich die Baustellen weg. (*Morgen*)

B Jeden dritten Mittwoch________________ kommt die Müllabfuhr. (*Vormittag*)

C Spätestens Donnerstag________________ werden die Büros geputzt. (*Mittag*)

D Samstag________________ arbeitet mein Freund als Türsteher. (*Nacht*)

○ 2 Notieren Sie in der Tabelle die Zahlen in Buchstaben.

Beispiel: Jeder 100. Besucher bekommt einen Gutschein.
→ *Jeder hundertste Besucher bekommt einen Gutschein.*

A Ich bestätige die Anzahlung von 13 Euro, die Restzahlung von 52 Euro ist bei Abholung fällig.

B Bei 219 Patronen ist die Elektronik defekt, das heißt, rund 24 Prozent der Ware sind nicht zu gebrauchen.

A	13	
	52	
B	219	
	24	

◐ 3 Schreiben Sie die Zahlenangaben in Ziffern mit Bindestrich.

Zu 3:
Ziffern werden in der Verbindung mit Wörtern mit **Bindestrich** geschrieben.

Beispiel: alle achtzehn- bis zweiundzwanzigjährigen Berufsschüler
→ *alle 18- bis 22-jährigen Berufsschüler*

A drei- bis viermal so hoch ________________

B eine vierzehntägige Reise ________________

C hundertprozentig sicher ________________

D nach zweimonatiger Pause ________________

E ihr fünfzigjähriges Jubiläum ________________

F der Dreizylinder ________________

R

Namen

Regel 4:
Straßennamen (und Namen von Plätzen und Gebäuden usw.) werden in der Regel zusammengeschrieben.

○ 1 Schreiben Sie groß und zusammen.

A friedrich / straße Friedrichstraße
B peter / straße ______
C oranien / platz ______
D breitscheid / weg ______
E wittenberg / straße ______
F linden / allee ______
G sachsen / ring ______

○ 2 Schreiben Sie die spiegelverkehrt geschriebenen Namen korrekt.

A englischer garten Englischer Garten
B kottbusser tor ______
C schlesischer bahnhof ______
D görlitzer park ______
E französischer platz ______

Zu 2:
Straßennamen usw., die eine **Ableitung** eines Orts- oder Ländernamens auf „er" enthalten, schreibt man getrennt.
Beispiele:
– *Heidelberger Platz*
– *Steiermärker Straße*
Wenn es sich um einen Personennamen handelt, der auf „-er" endet, schreibt man zusammen.
Beispiel:
Alexanderplatz

○ 3 Notieren Sie Vor- und Zunamen und „Straße" oder „Platz" in der richtigen Reihenfolge. Setzen Sie zwischen alle Wörter einen Bindestrich.

A StraßeSchillerFriedrich Friedrich-Schiller-Straße
B StraßeWillyBrandt ______
C MariePlatzCurie ______
D LutherStraßeMartin ______
E EinsteinAlbertPlatz ______

Zu 3:
Ein Straßenname aus **zwei oder mehr Namen** wird mit **Bindestrich** geschrieben.
Beispiel:
Alexander-von-Humboldt-Straße 8

◒ 4 Notieren Sie die Straßennamen in korrekter Weise. Beachten Sie dabei die Groß- und Kleinschreibung.

A aufderfischerinsel 10 Auf der Fischerinsel 10
B amlinkenufer 41 ______
C breitestraße 126 ______
D hinterdemdamm 5 ______

Zu 4:
Wenn ein Straßenname aus **verschiedenen Wortarten** besteht, werden die Wörter **getrennt** geschrieben.
Es gelten die Regeln der **Groß- und Kleinschreibung**.
Beispiele:
– *Neue Schönhauser Straße 7*
– *Unter den drei Eichen 14*

Test

Entscheiden Sie, welche Schreibweise nach der Ziffer (1 oder 2) richtig ist, und notieren Sie die Lösung.

Kreuzen Sie an, was richtig geschrieben ist:

		1	2
1	Die Teilnehmer haben (1) Kopf schüttelnd / (2) kopfschüttelnd zugesehen, wie er einen Fehler nach dem andern machte.		
2	Die (1) EU-Richtlinien / (2) EU Richtlinien sind in diesem Fall streng.		
3	Ich bitte Dich, mir abends den Schlüssel (1) zurück zu geben / (2) zurückzugeben.		
4	Unser Geschäft liegt an der (1) Marheineke-Allee / (2) Marheinekeallee.		
5	Für (1) links Abbieger / (2) Linksabbieger gibt es eine eigene Spur.		
6	(1) Irgendjemand / (2) Irgend jemand bringt gerade den Müll weg.		
7	Wir müssen die Kartons (1) übereinanderstapeln / (2) über einander stapeln.		
8	(1) So viel / (2) Soviel Spaß hatte ich schon lange nicht mehr.		
9	Hast du die Telefonummer (1) auf geschrieben / (2) aufgeschrieben?		
10	Ich habe (1) jahrelang / (2) Jahre lang gewartet.		
11	Die (1) Kreis förmige / (2) kreisförmige Anordnung gefällt mir am besten.		
12	(1) Normalerweise / (2) Normaler weise komme ich erst um 17 Uhr nach Hause.		
13	Es ist immer besser, die Gebrauchsanweisung (1) durch zu lesen / (2) durchzulesen.		
14	Das Wetter ist (1) nass kalt / (2) nasskalt.		
15	Man sollte vor Betreten der Baustelle (1) vorsichtshalber / (2) vorsichts halber den Schutzhelm aufsetzen.		
16	Wir sind auf den alten Waren (1) sitzengeblieben / (2) sitzen geblieben.		
17	(1) 40-Prozent / (2) 40 Prozent der Berufsschüler bilden sich weiter.		
18	(1) Donnerstagmorgen / (2) Donnerstag morgen gibt es eine Teamsitzung.		
19	Die (1) Mariannen Straße / (2) Mariannenstraße ist dicht befahren.		
20	Ich werde Ihnen meine Bewerbung (1) zu schicken / (2) zuschicken.		
21	Dieser CD-Player ist (1) genauso / (2) genau so teuer wie der andere.		
22	Der Familienbetrieb ist schon nach 23 Jahren (1) bankrott gegangen / (2) bankrottgegangen.		

Lösungen
74gr39

Dehnung

Regel 1:
Ein Dehnungs-h kann nur vor l, m, n, r stehen.

Dehnung mit h anzeigen

○ **1** Notieren Sie diese Wörter in der passenden Spalte in der Tabelle.

Wörter: bequem – betonen – bohren – braten – ermahnen – fahren – führen – Haken – kehren – klar – kneten – lesen – loben – lohnen – lösen – nehmen – Plan – Qual – rar – Rasen – Spaten – Stahl – stören – stur

Lang gesprochener Selbstlaut (Vokal) steht vor l, m, n, r (Regel)	Lang gesprochener Selbstlaut (Vokal) steht vor l, m, n, r, hat aber kein Dehnungszeichen	Lang gesprochener Selbstlaut (Vokal) steht nicht vor l, m, n, r
bezahlen	Schnur	geben

R

○ 2 Notieren Sie Wörter mit dem fett gedruckten Wortstamm und den angegebenen Endungen. Schreiben Sie die Hauptwörter (Substantive) groß.

A	**lehren**	Lehrgang	____end	____reich
B	**mehr**	____heit	____zahl	____wegflasche
C	**wahr**	____haftig	____heit	____sagen

◒ 3 Fügen Sie die Vergangenheitsform (Präteritum) in der 3. Person Einzahl (Singular) ein.

	Tätigkeitswort (Verb)	Vergangenheitsform 3. Person, Einzahl		Tätigkeitswort (Verb)	Vergangenheitsform 3. Person, Einzahl
A	anfahren	er/sie/es fuhr an	E	erwähnen	
B	zähmen		F	verzahnen	
C	sich sehnen		G	empfehlen	
D	verehren		H	auswählen	

● 4 Streichen Sie in jedem Satz die beiden Wörter durch, die falsch geschrieben sind. Notieren Sie diese korrekt.

Zu 4:
Die folgenden Fürwörter (Pronomen) enthalten ein Dehnungs-h:
ihn, ihr, ihnen, ihres, ihrer, ihrem, ihren

A Sie hatte ~~ire~~ Chance, eine zweite wird man ~~ir~~ nicht geben. 1) ihre 2) ihr

B Bevor ich borte, prüfte ich, wo das Ror verlief. ____

C Ich kerte zweimal wöchentlich iren Hof. ____

D Ausnamsweise half ich inen erneut aus. ____

E Im felte die Begabung für diese Tätigkeit. ____

○ 5 Bilden Sie aus den Wortteilen A–F und den Silben 1–6 Fremdwörter. Schreiben Sie diese korrekt auf. Unterstreichen Sie jeweils den lang gesprochenen Vokal.

Zu 5:
Achtung:
Fremdwörter enthalten kein Dehnungs-h.
Beispiel:
Struktur

A	Kommen	C	totali	E	Pro
B	Aktuali	D	Operat	F	Kul
1	tär	3	tur	5	tät
2	tar	4	blem	6	ion

A ____ C ____ E ____

B ____ D ____ F ____

Der Inhalt entscheidet

○ **1** **Markieren Sie im folgenden Raster 6 Wörter (senkrecht und waagrecht), die jeweils zweimal vorkommen: einmal mit und einmal ohne Dehnungs-h. Schreiben Sie diese heraus. Erklären Sie die unterschiedlichen Bedeutungen.**

W	E	F	Z	U	P	D	A	Z	I	W	A	R	O	S
A	P	M	B	O	M	I	L	H	N	A	M	E	N	H
H	T	A	R	W	A	L	N	M	A	H	L	E	N	F
R	A	H	O	H	L	E	N	H	O	L	E	N	A	Z
M	A	L	E	N	J	K	V	L	N	A	H	M	E	N

Zu 1:

Manchmal kann man herausfinden, wie man das Wort schreibt, indem man auf die **Bedeutung** des Wortes achtet.

Beispiele:

- *mahlen* (zerkleinern)
- *malen* (mit Farbe arbeiten)

- *wahr* (richtig)
- *war* (Vergangenheitsform von sein)

● **2** **Entscheiden Sie bei allen Wörtern mit einer Schreiblinie: Markieren Sie die Wörter, die ohne Dehnungs-h geschrieben werden. Ergänzen Sie bei den übrigen Wörtern das h.**

A Mit dem frühen Arbeitsbeginn habe ich keine Proble____me, ich kann mich am Abend ausreichend erho____len.

B Ich fe__lte in diesem ersten Quarta____l noch kein einziges Ma____l.

C Das Essen und die Auswa____l ist so gut, dass ich für die übrigen Ma__lzeiten am Tag nicht me____r viel beza____len muss und ta____tsächlich spa____ren kann.

D Die Ma____ler sind fast jä____rlich in unseren Labo____rs und verschö____nern die Räume.

E Es wa___r ein wa___res Wunder, dass unsere Tribü___ne endlich einer adäqua___ten Nutzung überfü___rt wurde.

Merkwörter

mit Dehnungs-h:		**ohne Dehnungs-h:**		
ahnen	mehr	holen	malen (mit Farbe gestalten)	Schnur
bohren	Wahl	hören	Name (nämlich)	sparen
hohl	wahr/Wahrheit	Kram	Schale	spülen
kahl	aufbewahren	Mal (Narbe, Kennzeichen)	schmal	stören
mahlen (zerkleinern)	Wohnung			stur

R

Dehnung mit e anzeigen

Regel 2:
Das lang gesprochene i wird in deutschen Wörtern meist mit -ie geschrieben.

○ 1 Markieren Sie das lang gesprochene i.

A bitte – biete
B Wissen – Wiesen
C Stift – Stiefvater
D achtzig – Ziege

◒ 2 Notieren Sie jeweils ein weiteres Wort mit dem gleichen Wortstamm (= fett gedruckt). Schreiben Sie die Hauptwörter (Substantive) groß.

A **gier**ig	B **tier**isch	C **bieg**en	D **schieb**en	E **Sieb**
Neugierde				

● 3 Ergänzen Sie jeweils die Vergangenheitsformen.

	Tätigkeitswort (Verb)	Vergangenheitsform			Tätigkeitswort (Verb)	Vergangenheitsform	
A	bleiben	ihr	bliebt	F	laufen	er	
B	schreiben	ich		G	schlafen	wir	
C	heißen	er		H	steigen	ich	
D	gefallen	wir		I	rufen	sie	
E	halten	du		J	schweigen	ihr	

● 4 Entscheiden Sie bei allen Wörtern mit einer Schreiblinie: Markieren Sie die Wörter, in denen das i gedehnt wird, ohne dass dies durch ein e angezeigt wird. Ergänzen Sie in den übrigen Fällen das e.

A Heute wurde bei uns ein neues Gerät angeli_fert.

B Im Gegensatz zum alten li_f es wie geschmi_rt.

C Wi_der Erwarten fi_ng di_ses nach einiger Zeit an, qui_tschende Geräusche von sich zu geben.

D Wir machten verschi_dene Tests, schalteten es immer wi_der ein und aus.

E Gemeinsam hi_vten wir es hoch, uns fi_l aber nichts auf.

F Schli_ßlich bli_b dem Meister nichts anderes übrig: Er ri_f den Kundendi_nst an.

G Er verli_ß den Raum mit angestrengter Mi_ne.

Zu 4:
Wenn Sie unsicher in der Schreibung sind, schlagen Sie in einem **Wörterbuch** nach.
Dies gilt vor allem für Wörter, die je nach Bedeutung unterschiedlich geschrieben werden.
Beispiele:
- *Augenlid* – *Liedtext*
- *Mine* (Bergwerk) – *Miene* (Gesichtsausdruck)
- *Schreibstil* – *Stiel* (einer Pflanze u. a.)
- *wider* (gegen) – *wieder*

Fremdwörter, Doppelselbstlaute

1 Schreiben Sie jeweils ein Hauptwort (Substantiv) mit dem gleichen Wortstamm (= fett gedruckt) auf. Schreiben Sie es groß.

A **fotografier**en
Fotografie ______

C **allergisch** ______

E **industriell** ______

B **garantier**en ______

D **therapeutisch** ______

F **ökologisch** ______

G **symphatisch** ______

Zu 1:
Fremdwörter, und zwar Hauptwörter (Substantive), die ein lang gesprochenes i im Auslaut haben, werden mit -ie am Ende geschrieben.

2 Schreiben Sie jeweils ein Tätigkeitswort (Verb) mit dem gleichen Wortstamm (= fett gedruckt) auf.

A **Analyse**
analysieren ______

C **aktiv** ______

E **Blamage** ______

B **experimentell** ______

D **Alarm** ______

F **interessant** ______

Zu 2:
Die Schreibung mit *ie* gilt auch für Tätigkeitswörter (Verben) auf **-ieren** (Fremdwörter).

3 Ergänzen Sie die richtigen Endungen.

A Term______
B Masch______
C Kam______
D Mediz______
E Vitam______
F Magaz______
G Diszipl______
H Rout______
I Mandar______
J Kab______
K Turb______
L Vitr______

Zu 3:
Fremdwörter, die auf **-in** oder **-ine** enden, werden nicht mit ie geschrieben.

4 Markieren Sie im folgenden Raster (senkrecht und waagrecht) 11 korrekt geschriebene deutsche Wörter mit Doppelselbstlaut und schreiben Sie diese auf ein Extrablatt.

M	H	A	B	H	E	E	R	B	W	P	B	E	E	R	E
E	A	T	E	E	F	Z	G	O	N	A	C	K	V	N	K
E	A	U	R	M	O	O	S	O	Y	A	W	T	E	E	R
R	R	G	U	M	F	O	B	T	A	R	B	E	E	T	W

Zu 4:
Es gibt nur wenige deutsche Wörter, in denen die Dehnung durch einen Doppelselbstlaut (Doppelvokal) angezeigt wird.

Merkwörter:
Aal, Haar, Paar, Saal
Waage, Boot, Moor, Moos
Beere, Idee, leer, Meer
Seele, Tee, Fieber, Schiene
Miene (Gesichtsausdruck)
Stiel (z. B. einer Pflanze), Routine, Benzin
Mine (Bergwerk, Schreibgerät), Stil (z. B. Schreibstil)

R

Test

Entscheiden Sie, welches Wort nach der Ziffer (1 oder 2) korrekt geschrieben ist.

Kreuzen Sie an, was richtig geschrieben ist:

		1	2
1	Ich (1) zäle (2) Inen Gerichte auf, die ich schon zubereitet habe.		
2	Ein (1) par davon kann ich bereits mit (2) Routine kochen.		
3	Bei anderen muss ich (1) intensiev das Kochbuch (2) studiren.		
4	In der Werkstatt meines (1) Pahtenonkels konnte ich erste (2) Erfarungen sammeln.		
5	Er (1) ließ mich (2) viles selbstständig machen.		
6	(1) Garantirt wäre ich sonst nicht so (2) interessiert an diesem Beruf.		
7	Wir (1) bemüten uns um den Patienten und erläuterten ihm alles (2) ausführlich.		
8	Aber wegen seiner (1) Allergi schickten wir (2) in zu einem Spezialisten.		
9	Er (1) gieng nur (2) wiederwillig zu ihm.		
10	Ich (1) ahnte nicht, wie dankbar die (2) Bewoner sein würden.		
11	Selbst bei (1) banalen Hilfen (2) spührte ich ihre Dankbarkeit.		
12	Zum (1) wiederhohlten (2) Mahle war ich nun dabei.		
13	Man befürchtete eine (1) Vertrauenskriese, wenn wir nicht pünktlich (2) liferten.		
14	Die Befürchtungen (1) bewarheiteten sich (2) spähter nicht.		
15	Bei der (1) Berahtung im Arbeitsamt wurde mir Ihr Betrieb (2) empfohlen.		
16	Ich habe mich aber auch im Internet (1) ausgiebig (2) informiert.		
17	Es (1) lohnt sich, die Unterlagen genau zu (2) lehsen.		
18	Ich bin mir (1) ziemlich sicher, dass Sie mit meiner Arbeit (2) zufriden sein werden.		
19	Das (1) Angenehme ist, man kann (2) vierteljärlich kündigen.		
20	(1) Schlißlich geht man kein (2) Riesiko ein.		

Lösungen
k4f8n3

Mitlautverdoppelung

Regel 1:
Der Mitlaut (Konsonant, z. B. t, p) wird doppelt geschrieben, wenn er nach einem
- betonten
- kurz gesprochenen
- einfachen Selbstlaut (Vokal, z. B. e, o) steht
- und ihm im Wortstamm kein weiterer Mitlaut (Konsonant) folgt.

Doppelter Mitlaut (Konsonant)

○ **1** **Sprechen Sie den ersten Selbstlaut (Vokal) lang oder kurz. Übertreiben Sie die Länge bzw. Kürze. Markieren Sie die kurzen Selbstlaute in der ersten Silbe.**

A kam – Kamm
B Ofen – offen
C wenn – wen
D den – denn
E Schaf – schaff
F las – lass
G hoffe – Hofe
H beten – Betten

◒ **2** **a) Markieren Sie jeweils den Wortstamm der folgenden Wörter.**

Beispiel: ***schaff**en, an**schaff**en, (er) be**schafft**, **Schaff**ung, er**schaff**en, Be**schaff**enheit*

A Schnalle, anschnallen, schnallen, abschnallen, Schnallen
B auffallen, Zufall, befallen, Abfall
C trennen, abtrennen, auftrennen, Trennung, getrennt, trennbar
D Abstimmung, stimmlos, übereinstimmen, zustimmen, bestimmbar, Stimmung
E unterlassen, belassen, auslassen, Unterlass, Nachlass, gelassen

Zu 2:
Der Wortstamm ist der Teil des Wortes, der die Bedeutung des Wortes trägt. Man findet ihn, indem man alle Teile des Wortes abtrennt, die zur Bildung eines Wortes gehören.
Beispiel:
*Ab-**füll**-ung-en*

R

b) Markieren Sie den Wortstamm in den unterstrichenen Wörtern.

c) Vervollständigen Sie ein Wort mit dem gleichen Wortstamm. Schreiben Sie die Hauptwörter (Substantive) groß.

A	1) Er schaltet in einen höheren Gang. den *Schalt*er betätigen	2) Der Lärm schallt mir noch in den Ohren. Wir müssen den *Schall* dämpfen.
B	1) am Schaft befestigt am Ende des ______es	2) Er schafft es sicherlich. Sie ______en es heute.
C	1) Wir sollten Halt machen. Du solltest an______en.	2) Es hallt in diesem Raum. Das ______en ist noch in weiter Ferne zu hören.
D	1) Sie faltet Servietten. Wir liefern die Blätter bereits ge______et.	2) Er fällt ein strenges Urteil. Wie kann man nur so ein Urteil ______en?
E	1) am Hofe am ______eingang	2) Er hoffe noch. Er sei ______nungsvoll.

○ 3 Vervollständigen Sie die Tabelle mit den fehlenden Formen der Gegenwart (Präsens).

ich *bestimme*	wir ______
du ______	ihr *bestimmt*
er, sie, es ______	sie ______

◒ 4 Fügen Sie die fehlenden Formen der Vergangenheit (des Präteritums) in die Lücken ein.

ich ______	wir ______
du *rettetest*	ihr ______
er, sie, es ______	sie *retteten*

Zu 3 und 4:
Die Verdoppelung des Konsonanten im Wortstamm bleibt auch bei der Beugung (Flexion) und verwandten Wörtern erhalten, wenn der Vokal im Wortstamm weiterhin kurz gesprochen wird.

Beispiele:
- *ich scha**ff**e, du scha**ff**st*
- *scha**ff**ensfreudig, Scha**ff**ung*

Aber:
Er ***schuf*** (lang gesprochen)

Vorsicht:
*insgesa**m**t, ma**n***

● 5 Streichen Sie jeweils nur das eine falsch geschriebene Wort durch. Schreiben Sie es richtig.

A das Taxi bestelen ______

B die Maschine anhallten ______

C Es klapt alles. ______

D das Gefäle nutzen ______

E Papier fallten ______

F sämmtliche Texte lesen ______

Merkwörter:
allein, vielleicht, Kellner, bestimmt, hoffentlich, darum, (du) hältst, insgesamt, im Voraus, sämtlich

R

ck, tz, Mehrzahlendungen: -innen, -isse

Regel 2:
In den deutschen Wörtern wird k als ck, z als tz verdoppelt.

○ 1 Sprechen Sie den ersten Selbstlaut (Vokal) lang oder kurz. Übertreiben Sie die Länge bzw. Kürze. Markieren Sie die kurzen Selbstlaute in der ersten Silbe.

A Haken – hacken
B Lacke – Laken
C Lücke – Lügen
D Wege – wecke

○ 2 Ergänzen Sie jeweils den Wortstamm mit dem vorgegebenen Wortanfang oder -ende.

Beispiel: Wortstamm: *-weck-* Wortanfang bzw. -ende: *auf-, -er, er-* → *auf**weck**en, **Weck**er, er**weck**en*

A Wortstamm: -druck-
Nach- ______ Vor- ______
beein- ______ Aus- ______

B Wortstamm: -pack-
ein- ______ Ver- ______
-end ______ be- ______

○ 3 Schreiben Sie das Wort mit dem falschen Selbstlaut (Vokal) korrekt.

A Es gibt hier keine Satzgelegenheit.
B Es besteht aus hatzebeständigem Material.
C Das kann sich blötzartig ändern.
D Und plätzlich ist alles neu.

A ______ C ______
B ______ D ______

◒ 4 Streichen Sie die beiden falsch geschriebenen Wörter durch. Schreiben Sie sie korrekt.

kurz jezt Arzt Münze schmerzen Herz Werck zuletzt

1 ______ 2 ______

○ 5 Notieren Sie die Mehrzahl (den Plural) dieser Wörter.

A Helferin
B Fahrerin
C Zeugnis
D Ergebnis

A *Helferinnen* C ______
B ______ D ______

Regel 3:
Die Endungen -in und -nis sind zwar nicht betont, aber der Endkonsonant wird im Plural verdoppelt.

Merkwörter:
(sich) bücken, lückenhaft, Rückenschmerzen, jetzt, Metzger, plötzlich, reizen, Pizza, Friseurinnen, Hindernisse

Test

Entscheiden Sie, welche Wörter (nach den Ziffern 1, 2) richtig geschrieben sind.

Kreuzen Sie an, was richtig geschrieben ist:

		1	2
1	(1) Wen mir genügend Zeit gewährt wird, (2) schafe ich das.		
2	Mir (1) fält es leicht, ein (2) ofenes Gespräch zu führen.		
3	Von zwei (1) Freundinen wurde ich auf das (2) Versäumniss hingewiesen.		
4	Meine Familie (1) stärckt mir den (2) Rücken.		
5	Sie werden (1) bestimmt nicht (2) enttäuscht sein.		
6	Am 1. August kann ich die (1) Stelle (2) antretten.		
7	Erst vor (1) Kurtzem machte ich ein (2) Pracktikum in einer Apotheke.		
8	Das (1) ärtztliche Attest liegt mir (2) jezt vor.		
9	Der (1) Schock (2) sitzt noch tief.		
10	Erfahrung konnte ich im (1) ellterlichen Betrieb (2) sameln.		
11	Als (1) Praktikantin durfte ich den (2) Helferinen bei dieser Arbeit nur zuschauen.		
12	Ich (1) hoffe, ich kann das (2) schnel lernen.		
13	(1) Grundkentnisse habe ich schon, (2) den ich machte einen Kurs an der Volkshochschule.		
14	Ich musste die Waren (1) auspacken, die im Internet (2) plaziert werden sollten.		
15	(1) Darrum habe ich auch oft in den Ferien (2) gejobbt.		
16	Diese Arbeit konnte man nur in (1) gebükter Haltung oder (2) sitzend verrichten.		
17	Für die Berufe der (1) Assistentinnen benötigt man ein (2) sollides theoretisches Wissen.		
18	Du (1) hältst dich an die Abmachung und (2) stelst dein Verhalten um.		
19	Ich (1) betle nicht um deine (2) Mitthilfe.		
20	Im (1) Drukbereich habe ich (2) augenbliklich noch keine Erfahrung.		

Lösungen
nd7h86

Lautschreibung

Regel:
Im Deutschen sind grundsätzlich bestimmte Laute bestimmten Buchstaben zugeordnet.
So ist zum Beispiel der Laut [a] dem Buchstaben a, der Laut [b] dem Buchstaben b zugeordnet.

Selbstlaute (Vokale)

○ **1** In der linken Spalte sind zwei Selbstlaute (Vokale) vertauscht, in der rechten Spalte ist einer falsch. Streichen Sie die falsch geschriebenen Wörter durch. Schreiben Sie sie mit den korrekten Lauten.

A Hertäfall B pörsenlich C Gährungssege D ärkleren	E Belährung F gekrimmt G gebirtig H Fähler
A ____ B ____ C ____ D ____	E ____ F ____ G ____ H ____

◒ **2** Setzen Sie die richtigen Laute ein.

A H___te war ein anstrengender Tag.

B H___te werden weiterverarbeitet.

Zu 1:

Unklare Aussprache, mangelndes Zuhören oder Einfärbungen durch die Mundart (den Dialekt) können manchmal die eindeutige Laut-Buchstaben-Zuordnung erschweren.
Von den **Umlauten** ä, ö, ü wird manchmal ä mit e, seltener ö mit i oder e verwechselt.

Im Zweifelsfall ist es hilfreich, ein verwandtes Wort ohne Umlaut zu finden.

Beispiel:
~~gewehnlich~~
Gewohnheit, gewohnt → ***gewöhnlich***

Zu 2:

Von den **Doppellauten** (Diphthongen) au, eu, ei sowie äu und ai werden vor allem „eu“ und „äu“ häufig verwechselt.

Oft kann man herausfinden, wie man das Wort richtig schreibt, indem man auch auf die **Bedeutung** des Wortes achtet.

C Die Ausb___te war sehr zufriedenstellend.

D Das Geb___de wird nun renoviert.

E Während der Ferien arbeitete ich auf dem b___erlichen Hof.

F Die Preise haben ungeh___erlich angezogen.

G Dieses Geld reicht gerade mal, um einen L___b Brot zu kaufen.

H Ich fürchtete schon um L___b und Leben.

3 Notieren Sie die Fremdwörter. Ergänzen Sie die Selbstlaute (Vokale).

Zu 3:
Die Regel zur Lautschreibung gilt auch für Fremdwörter.

A Pr▢kt▢k▢nt
B M▢d▢z▢n
C s▢p▢r▢t
D R▢p▢r▢t▢r
E ▢nt▢ns▢v
F F▢t▢▢pp▢r▢t
G ▢nt▢r▢ss▢nt
H ▢ggr▢ss▢v
I P▢n▢z▢ll▢n

A __________
B __________
C __________
D __________
E __________
F __________
G __________
H __________
I __________

4 Notieren Sie jeweils das Fremdwort, das zur Erklärung passt. Schreiben Sie es groß. Ergänzen Sie dabei die Selbstlaute (Vokale).

Zu 4:
Manche Fremdwörter aus dem Englischen oder Französischen behalten die Aussprache und ursprüngliche Schreibung bei.
Diese muss man lernen.

Erklärungen:

A Mut, die eigene Überzeugung zu vertreten

____

B Gelegenheit

____

C persönlicher Einsatz

____

D Schande, Bloßstellung

____

E Leitung eines Unternehmens

____

F Gerät

____

Fremdwörter:

1) ▢pp▢r▢t
2) Bl▢m▢g▢
3) Ch▢nc▢
4) ▢ng▢g▢m▢nt
5) M▢n▢g▢m▢nt
6) Z▢v▢lc▢▢r▢g▢

R

Mitlaute (Konsonanten)

○ 1 Lösen Sie die folgenden Rätsel. Jeder Strich steht für einen Buchstaben. Ergänzen Sie die fehlenden Mitlaute (Konsonanten). Schreiben Sie die Wörter groß.

A Beruf in der Speisezubereitung __ o __ __

B jemand, der in einer Holz verarbeitenden Werkstatt arbeitet __ i __ __ __ __ e __

C jemand, der Maschinen wartet und repariert __ e __ __ a __ i __ e __

D Beruf, in dem man Sachen und Personen ablichtet __ o __ o __ __ a __

E Beruf in einem Büro __ ü __ o __ a u __ __ __ a u

◒ 2 Setzen Sie in den Wörtern den letzten Mitlaut (Konsonanten) ein. Notieren Sie eine Verlängerung des Wortes.

A Stan__	____________	E Betrie__	____________
B Hal__	____________	F Par__	____________
C Flu__	____________	G Lieferan__	____________
D Lo__	____________	H Medikamen__	____________

Zu 2:

Ist man sich unsicher, welcher Buchstabe geschrieben wird, kann man das Wort verlängern, da sich der Mitlaut beim Verlängern nicht verändert.

Beispiel:
Wald – Wälder („d" gesprochen als Laut d)

Dies gilt auch für -ant, -and sowie -end und -ent.

◒ 3 Streichen Sie das Wort mit der falsch geschriebenen Endung durch. Schreiben Sie es korrekt.

A Da habe ich mich doch gewaltich getäuscht. ____________

B Es klingt vielleicht dämlich, aber diese Tätigkeit ist das einzich Wahre für mich. ____________

C Ich wäre natürlich fähich, auch andere Dinge zu tun. ____________

D Aber so richtich freuen kann ich mich nur bei dieser Arbeit. ____________

E Vielleicht ist das für manche schwierich zu verstehen. ____________

Zu 3:

Das korrekt gesprochene [-ich] wird im Deutschen in Eigenschaftswörtern (Adjektiven) und Hauptwörtern (Substantiven) am Wortende -ig geschrieben.
Beim Verlängern der Wörter hört man den Buchstaben eindeutig, der geschrieben wird.

Beispiel:
Ess***ig*** (gesprochen: -ch)
Ess***ige*** (gesprochen: g)

◒ 4 Entscheiden Sie, ob das Wort mit „Ende" zusammenhängt. Ergänzen Sie die richtige Silbe. Schreiben Sie Hauptwörter (Substantive) groß.

A ______schuldigung	D ______ergebnis	G ______lich
B ______gegengesetzt	E ______zündung	H ______gültig
C ______haltestelle	F ______kräften	I ______werten

Zu 4:

Hängt die Silbe -end mit dem Wort „Ende" zusammen, schreibt man sie **end-**.

In allen anderen Fällen schreibt man **ent-**.

Beispiele:
*– **end**los (= ohne Ende)*
*– **ent**gegnen*

5 Entscheiden Sie, ob es sich um eine Form des Verbs „sein“ handelt.
Ergänzen Sie entsprechend „seid“ oder „seit“.
Schreiben Sie am Satzanfang groß.

A Ihr ______________ erst ______________ Kurzem hier in der Schule.

B ______________ ihr schon fertig mit der Arbeit?

C Arbeitet ihr ______________ gestern oder ______________ letzter Woche in der Werkstatt?

D Wenn Ihr bereit ______________, dann können wir beginnen.

Zu 5:
Bei „**seid**“ handelt es sich um eine gebeugte (konjugierte) Form des Verbs „sein“, „**seit**“ gibt einen Zeitpunkt oder eine Dauer an.
Beispiele:
- *Ihr **seid** schon weit. (von sein)*
- ***Seit** heute Morgen weiß ich Bescheid.*

6 Ergänzen Sie die fehlenden Mitlaute (Konsonanten) bei den Fremdwörtern.

A Po__i__i__

B Tem__e__a__u__

C Stru__ __u__

D Parla__e__ __

E Ar__u__e__ __

F Ma__e__ie

G Sta__i__i__ä__

H Soli__a__i__ä__

I kon__ __e__

J ab__ __ __akt

K defi__i__iv

L ab__o__ut

Zu 6:
Die Regel zur Lautschreibung gilt auch für Fremdwörter.
Beispiele:
- *exakt*
- *Patent*

7 Entscheiden Sie, ob Sie statt/Statt/Stätt(e)/stätt (für Stelle/Platz) oder Stadt/städt/Städt (für die Ortschaft) einsetzen müssen.
Füllen Sie die Lücken korrekt aus.

A Mit Geldern aus dem ____________ischen Haushalt unterstützt der ____________rat die Spiel____________ der Jugendlichen.

B An____________ eines verwahrlosten Lagers soll an diesem Platz des ____________chens eine Begegnungs____________ entstehen.

C In vielen ____________________ sind in letzter Zeit solche ____________________ des Austauschs und der Diskussion entstanden.

D ____________ nur in Großprojekte zu investieren, wollen die Repräsentanten der ____________________ mehr für die __________________ische Kultur ausgeben.

Merkwörter:

gehren (schräg zuschneiden)	viel (Menge)	Temperatur	endlich
Geste	Apparat	Thermometer	Stadtteil
Gäste (Gast)	Fotograf	seid (von sein)	Werkstatt
fiel (von fallen)	kaputt	einzig	

Test

Entscheiden Sie, welche Wörter (nach den Ziffern 1, 2) richtig geschrieben sind.

Kreuzen Sie an, was richtig geschrieben ist:

		1	2
1	(1) Seid ich zwei Wochen in dem Büro gearbeitet habe, (2) gefellt mir auch diese Arbeit.		
2	In diesem Bereich sind (1) fiele (2) Känntnisse über Waren erforderlich.		
3	Es (1) fellt mir leicht, mir diese (2) anzueignen.		
4	Ich kann (1) heute alles (2) richtich schnell aufnehmen.		
5	Die (1) Reperatur kann sehr (2) teuer werden.		
6	Mit diesem (1) Apperat kann man gestochen scharfe (2) Fotos machen.		
7	Der Ausbilder (1) bescheinikte mir großes (2) Engaschment.		
8	Deshalb habe ich eine (1) Schance bei der (2) nechsten Bewerbung.		
9	(1) Viel wird auch davon (2) abhengen, wie ich beim Vorstellungsgespräch auftrete.		
10	Ich möchte keine (1) Blamage (2) erläben.		
11	Der (1) Patiend wurde (2) intensiv untersucht.		
12	Das Ergebnis (1) fiel (2) positiv aus.		
13	Er hat jetzt (1) entlich seine (2) Endzündung los.		
14	Ich habe mich nun (1) entgültig für einen anderen Beruf (2) entschieden.		
15	Das (1) Bilt, das ich von dem Beruf hatte, hat sich während des (2) Braktikums nicht verändert.		
16	(1) Einzig die Arbeitszeiten sind sehr (2) unregelmäßich.		
17	Es war eine nette (1) Gäste der Ausbilderin, mich durch alle (2) Apteilungen zu führen.		
18	(1) Anstadt in einem (2) städtischen Betrieb zu arbeiten, arbeite ich lieber in einem freien Unternehmen.		
19	Die (1) Werkstätten sind aber auch dort gut (2) ausgestattet.		
20	Mir ist (1) glar, ihr (2) seit nicht alle dieser Meinung.		

Lösungen
j44j8u

Z

Zeichensetzung

Regel 1:
Hauptsätze werden durch Satzzeichen getrennt.

Hauptsätze mit Punkt

Zu 1 und 2:

Ein **Hauptsatz** kann ein
- Fragesatz,
- Befehlssatz oder
- Aussagesatz sein.

Ein **Aussagesatz** wird durch Punkt abgetrennt.

Beispiele:
- *Er kommt.*
- *Er kommt etwas früher.*

○ **1** **Ordnen Sie die folgenden Satzteile in der richtigen Reihenfolge. Schreiben Sie am Anfang jedes Satzes groß. Schließen Sie jeden Satz mit einem Punkt ab.**

A beginnt – ihre Ausbildung – Derya

____

B sie – ihr Chef – erwartet

____

C ihr – er – zeigt – den Arbeitsplatz

____

● **2** **Lesen Sie die folgenden sieben Hauptsätze laut mit passenden Pausen dazwischen. Notieren Sie auf einem Extrablatt jeden Satz in einer neuen Zeile. Schreiben Sie am Anfang des Satzes groß und setzen Sie am Ende einen Punkt.**

Seit zwei Jahren bereite ich oft selbstständig die Mahlzeiten zu Hause zu schon als Kind half ich gerne beim Kochen mit vermutlich habe ich die Freude daran von meinen Eltern übernommen sie kochen beide sehr gern mein Vater ist bekannt für seine ungewöhnlichen Soßen früher habe ich gerne allerlei Nachtisch-Rezepte ausprobiert meine Geschwister waren immer die Testpersonen.

Fragesätze und Befehlssätze

Zu 1 bis 3:

Ein **Fragesatz** wird durch ein Fragezeichen abgeschlossen.

Beispiele:
- *Wo ist er?*
- *Kommt er?*

Beim **Befehlssatz** steht ein Ausrufezeichen am Ende.

Beispiele:
- *Komm (du)! (Das Wort „du" ist nur gedacht, nicht gesprochen.)*
- *Kommen Sie!*

1 Entscheiden Sie, welche der fünf Sätze keine Fragesätze sind. Setzen Sie das passende Satzzeichen dahinter. Versehen Sie die Fragesätze mit Fragezeichen.

A Welchen Beruf möchten Sie ergreifen

B Informieren Sie sich ganz schnell

C Ich rate Ihnen dringend dazu

D Wo haben Sie das Stellenangebot gefunden

E Welcher Abschluss wird verlangt

2 Formulieren Sie die Sätze A–D in Fragesätze um. Orientieren Sie sich am Beispiel.

Beispiel:

Aussage:		**Fragesatz:**
Ich will Pilot werden.	→	***Willst du** Pilot werden?*

A Ich will eine Ausbildung machen. ______________________

B Ich suche eine gut bezahlte Stelle. ______________________

C Ich kann keine schwere Arbeit verrichten. ______________________

D Ich habe schon einen Abschluss. ______________________

3 Stellen Sie Fragen für ein Interview in der Du-Form. Formulieren Sie jeweils einen ganzen Satz als Frage. Leiten Sie die Frage mit einem der folgenden Fragefürwörter (Fragepronomen) ein:

Fragepronomen: ~~wann~~ wo welche was wer wie

Schreiben Sie den Satzanfang groß und schließen Sie mit einem Fragezeichen.

Beispiel: … hast … mit der Bewerbung begonnen → ***Wann** hast **du** mit der Bewerbung begonnen?*

A … Menschen haben … bei der Bewerbung geholfen ______________________

____

B … liegen … Stärken ______________________

C … hast … vor deiner Ausbildung gemacht ______________________

D … wird … in Zukunft unterstützen ______________________

E … gefällt … die Ausbildung? ______________________

Hauptsatz. Hauptsatz.

○ 1 Formulieren Sie die stichwortartigen Aussagen jeweils in drei Hauptsätzen. Schreiben Sie am Anfang jedes Satzes groß und schließen Sie mit einem Punkt ab.

Beispiel:

A
- Salatkräuter waschen und schneiden
- Wiegemesser dafür benötigen
- schneidet nämlich besonders fein

Wir waschen die Salatkräuter und schneiden sie. Dafür benötigen wir ein Wiegemesser.
Es schneidet nämlich besonders fein.

B
- gewaschene und getrocknete Salatblätter in große Schüssel geben
- Gewürze und Salatkräuter gleich dazugeben
- alles erst kurz vor dem Essen anrichten

____

____

C
- zum Schluss das Ganze mit Essig und Öl vermischen
- je nach Geschmack Salat mit Zitronensaft verfeinern
- vielleicht eine Prise Zucker hinzufügen

____

____

◒ 2 Setzen Sie in dem folgenden Bericht die Punkte an der richtigen Stelle und korrigieren Sie die Rechtschreibung an den Satzanfängen.

Heute lernten wir etwas zum Thema „Einhaltung der Kühlkette“ darunter versteht man die ununterbrochene Kühlung von Lebensmitteln während des Transports Fleisch und Fisch müssen andauernd auf minus 18 Grad Celsius gekühlt werden eine Unterbrechung der Kühlkette ist unbedingt zu vermeiden das Haltbarkeitsdatum ist sonst nicht mehr garantiert die Ware kann verdorben sein die betroffenen Lebensmittel dürfen nicht mehr in den Verkauf gelangen sie müssen vernichtet werden

● 3 Entscheiden Sie, welcher Satz falsch aufgebaut ist. Markieren Sie den korrekt aufgebauten Satz.

A Ich bewerbe mich deshalb um diese Stelle. – Deshalb um diese Stelle bewerbe ich mich.
B In der Rechtschreibung ich kenne mich auch gut aus. – Auch in der Rechtschreibung kenne ich mich gut aus.
C Ich habe schon Erfahrungen in der angebotenen Tätigkeit sammeln können. – Erfahrungen ich habe schon sammeln können in der angebotenen Tätigkeit.
D Ich bin mit den wichtigsten Schreibprogrammen seit einiger Zeit vertraut. – Mit den wichtigsten Schreibprogrammen seit einiger Zeit bin ich vertraut.

Z

Ohne Punkt und ohne Komma

○ **1** Kreuzen Sie an Sie, was richtig ist.

A ○
Einschreiben!
Franz Schuhmacher
Hauptstraße 5.
76199 Karlsruhe

C ○
Mit freundlichen Grüßen
Martin Hartmann

Anlage
Kopie der Rechnung

B ○
Einschreiben
Fa. Schuhmacher
Hauptstraße 5
76199 Karlsruhe

D ○
Mit freundlichen Grüßen,
Martin Hartmann

Anlage:
Kopie der Rechnung.

Zu 1:
Keine Satzzeichen stehen nach
- frei stehenden Zeilen,
- Anschriften,
- Datumszeilen,
- Betreffzeilen,
- Grußformeln.

◒ **2** a) Füllen Sie die Artikelliste für eine Bestellung mit den folgenden Angaben aus.
~~200 Bleistifte (Stückpreis 0,75 €)~~, 100 Kugelschreiber (Stückpreis 0,80 €), 25 Pack Kopierpapier (2,20 € je Pack), 50 schwarze Druckerpatronen (Stückpreis 15,00 €)

b) Versehen Sie die Liste mit einer Überschrift.

Zu 2 und 3:
Keine Zeichensetzung benötigen
- Überschriften (außer bei Frage- und Ausrufezeichen) und
- tabellarische Zusammenstellungen. Lediglich einzelne Teile von Stichpunkten werden mit Komma getrennt.

____

Nr.	Artikel	Preis pro Stück, Einheit	Menge	Bruttopreis
1	*Bleistifte*	*0,75 €*	*200*	*150,00 €*

● **3** Notieren Sie in Stichpunkten die wichtigsten Aufgaben, die in dem Praktikumsbericht links beschrieben werden.

Praktikumsbericht:
Am 5. Tag war ich vor allem im Ersatzteillager beschäftigt. Ich sollte prüfen, ob die Waren im Regal vollständig sind, und sie bei Bedarf auffüllen. Außerdem sollte ich sie so ordnen, dass man sie bei Anfragen schnell findet. Am Schluss habe ich eine Stunde selbstständig Material ausgegeben.

prüfen, ob Waren im Regal vollständig sind
____
____
____
____
____

Nebensätze mit Komma

Regel 2:
Nebensätze werden durch Komma abgetrennt.

○ 1 a) Streichen Sie die Sätze durch, die nicht allein stehen können.

A Weil es kein Papier gab

B Der Kopierer funktionierte nicht

C Als ich kopieren wollte

D Obwohl alle in Eile waren

E Ich musste erst einmal Papier holen

b) Setzen Sie hinter die Hauptsätze einen Punkt.

Zu 1:

Nebensätze können im Gegensatz zu Hauptsätzen **nicht allein stehen**. Es fehlt die Hauptaussage des Satzes. Das **gebeugte (flektierte)** Verb steht **am Schluss** des Satzes.

Beispiel:

*Weil er zu spät **kam**.*

Zu 2:

Ein Nebensatz wird von einem Hauptsatz durch Komma abgetrennt.

Beispiele:
- ***Weil** er zu spät **kam**, verpasste er den Zug.*
- *Er verpasste den Zug, **weil** er zu spät **kam**.*

○ 2 Suchen Sie für die Hauptsätze A bis E jeweils den passenden Nebensatz 1 bis 5. Notieren Sie die Sätze mit korrekter Zeichensetzung.

A Ich stand lange in der Warteschlange
B wäre es schneller gegangen
C hatte ich nicht genug Bargeld
D Aber ich hatte meine Kreditkarte dabei
E Bargeldloses Bezahlen hat Vorteile

1 die ich noch schnell eingesteckt hatte
2 Als ich bezahlen wollte
3 Wenn man eine zweite Kasse geöffnet hätte
4 weil es schnell und problemlos ist
5 bis ich endlich an der Reihe war

A ______________________________

B ______________________________

C ______________________________

D ______________________________

E ______________________________

◒ 3 Setzen Sie die Kommas und markieren Sie die Bindewörter (Konjunktionen). Im gelben Kasten auf der nächsten Seite finden Sie Beispiele.

A Wenn wir uns bewusst ernähren leben wir gesünder.

B Biokost ist auch nicht immer sicher obwohl sie überwacht wird.

C Ehe wir uns für ein Produkt entscheiden sollten wir uns auf jeden Fall gut informieren.

D Am Essen sollte man nicht sparen wobei man nicht immer die teuersten Produkte kaufen muss.

Z

4 Setzen Sie die Kommas und markieren Sie die bezüglichen Fürwörter (Relativpronomen).

A Nicht alles muss schlecht sein was billig ist.

B Ich bevorzuge Gemüse das im eigenen Garten wächst.

C Viele wählen im Supermarkt die Ware aus die regelmäßig kontrolliert wird.

D Gut schmecken können auch Produkte welche nicht perfekt aussehen.

5 Setzen Sie die Kommas und markieren Sie die Fragewörter.

A Vertrauen ist ein Grund weshalb viele Verbraucher direkt beim Hersteller einkaufen.

B Gesunde Ernährung hängt davon ab welche Produkte wir einkaufen.

C Manchmal kommt es darauf an woher die Lebensmittel kommen.

D Wo wir auch einkaufen es gibt immer ein reichhaltiges Angebot.

Zu 3 bis 5:

Ein Nebensatz wird eingeleitet durch

- ein **Bindewort** (Konjunktion)

  Beispiele:
  als, bevor, bis, da, damit, dass, ehe, falls, indem, ob, obgleich, obwohl, sobald, während, weil, wenn, wobei

- oder ein **bezügliches Fürwort** (Relativpronomen)

  Beispiele:
  der, die, das, was, welcher, welche, welches

- oder ein **Fragewort** (Fragepronomen).

  Beispiele:
  wann, warum, was, welcher, welche, welches, wer, weshalb, wo, woher, wohin

6 *Erhan und Dimitri unterhalten sich über ihre beruflichen Pläne. Beide wissen schon genau, was sie suchen und wie sie vorgehen wollen.*

Finden Sie die passenden Bindewörter, bezüglichen Fürwörter oder Fragewörter zur Einleitung der Nebensätze.
Verwenden Sie das jeweils einleitende Wort nur einmal.
Setzen Sie die Kommas korrekt.

Erhan

A Ich werde Maurer ______________ ich gerne körperlich arbeite.

B ______________ ich mit meiner Ausbildung beginne mache ich ein mehrwöchiges Praktikum.

C Dann will ich an einigen Jobbörsen teilnehmen ______________ in den nächsten Wochen durchgeführt werden.

D ______________ ich meine Bewerbungsunterlagen zusammengestellt habe schicke ich sie ab.

E ______________ Betrieb für mich in Frage kommt entscheide ich dann rechtzeitig.

Dimitri

F Ich möchte Maler werden ____________ ich kann viel mit Farben anfangen.

G Ich studiere die Homepages von mehreren Betrieben ______________ ich die Angebote und Möglichkeiten vergleichen kann.

H Für mich ist es wichtig ____________ ich vom Jobcenter ein paar Tipps erhalte.

I ______________ ich keine Zeit verlieren will bewerbe ich mich sehr gezielt.

J Ich fange mit meiner Ausbildung sofort an ______________ ich den passenden Ausbildungsplatz gefunden habe.

Nebensatz mit zwei Kommas

○ 1 Markieren Sie die Nebensätze und setzen Sie die Kommas.

A Die Frau die ich meine ist 175 cm groß.
B Mein Eindruck von ihr war als ich ihr zum ersten Mal begegnete sehr positiv.
C Sie sieht jugendlich aus was jedoch täuscht sie ist nämlich schon 40 Jahre alt.
D Ihre Haare sind blond weil sie sie färbt oder bei besonderen Gelegenheiten auch schwarz.
E Ihre Kleidung ist geschmackvoll was immer wieder Bewunderung auslöst und sie tritt selten übertrieben „stylisch" auf.

Zu 1 bis 3:

Eingeschobene Nebensätze werden von Kommas eingeschlossen, auch wenn danach ein „und" oder ein „oder" folgt.

Beispiel:
*Ich las alles noch einmal gründlich durch, **weil** ich keine Fehler machen **wollte, und** schickte die Mappe dann ab.*

◒ 2 Fügen Sie in A bis E jeweils einen passenden eingeschobenen Nebensatz ein. Setzen Sie die Kommas korrekt.

Nebensätze:
1) der schon das erste Ausbildungsjahr hinter sich hat
2) ob ich zunächst ein Praktikum machen sollte
3) ob ich eine Ausbildung beginnen sollte
4) dass meine Bewerbung erfolgreich ist
5) dass ich nur Zeit vergeuden würde

A Ich hoffe ________________________________
und freue mich auf die Ausbildung.

B Ich habe lange darüber nachgedacht ________________________________
und schließlich habe ich mich doch dazu entschlossen.

C Ein Freund ________________________________
und meine Eltern haben mich schließlich überzeugt.

D Am Anfang überlegte ich noch ________________________________
und war sehr unschlüssig.

E Doch dann war mir bald klar ________________________________
und ich überlegte es mir anders.

◒ 3 Setzen Sie die Kommas korrekt.

A Sie stellen Ihr Auto bei einem Radwechsel auf einer ebenen Fläche ab bevor Sie das defekte Rad lösen und ziehen die Handbremse.
B Sie können die Radkappen entfernen nachdem Sie einen Gang eingelegt haben und danach mit dem Lösen der Radmuttern beginnen.
C Alufelgen die keine Radkappen besitzen können sofort gelockert werden.
D Ruckartiges Lösen von zu fest sitzenden Radmuttern kann dazu führen dass das Fahrzeug instabil wird und es könnte sogar wegrollen.

Z

Grundform mit „zu“ plus Ergänzung

Regel 3:
Die Einheit „Grundform (Infinitiv) mit ‚zu‘ plus Ergänzung“ wird durch Komma abgetrennt.

○ **1** **Unterstreichen Sie jeweils die Einheit „Grundform mit ‚zu‘ und Ergänzung“ (Infinitivgruppe).**

A Ich habe den Auftrag, ein Berichtsheft zu führen.
B Dadurch bin ich in der Lage, einen Ausbildungsnachweis zu erbringen.
C Ich muss genug Zeit bekommen, das Heft täglich oder wöchentlich anzufertigen.
D Der Ausbilder hat die Pflicht, den Bericht zu prüfen und zu unterschreiben.
E Dazu gehört auch, etwaige Mängel aufzuzeigen und auf eine Besserung hinzuwirken.
F Ich bekomme dann wieder ausreichend Zeit, um aufgetretene Mängel zu beseitigen.

Zu 1 bis 4:

Die Grundform des Verbs heißt Infinitiv (z. B. *sehen*). Ist die Grundform mit „zu“ und einer Ergänzung erweitert, trennt man diese Einheit (Infinitivgruppe) durch ein Komma ab.

Beispiele:
- *Wir hoffen, mühelos zu siegen.*
- *Wir brauchen Geld, um zu überleben.*

Die Ergänzung kann auch nur aus einem Wort bestehen: *„als (zu)“, „anstatt (zu)“, „statt (zu)“, „außer (zu)“, „ohne (zu) “, „um (zu)“*

○ **2** **Unterstreichen Sie das Substantiv oder andere hinweisende Wörter, von denen die Infinitivgruppe abhängt. Setzen Sie die Kommas.**

A Sie gab ihm den Rat den Teig etwas länger zu rühren.
B Er machte den Vorschlag das Gefäß eine Weile in den Kühlschrank zu stellen.
C Sie fasste den Entschluss mit dem Kneten zu beginnen.
D Sie achtete darauf die Backzeit ganz genau einzuhalten.
E Sehr wichtig war es den Kuchen langsam abkühlen zu lassen.

Zu 2:

Ist die Grundform mit „zu“ von einem **Hauptwort** (Substantiv) **abhängig**, muss ein Komma gesetzt werden. Gleiches gilt, wenn mit einem **Wort** *(daran, darauf, darum, es, dies, das)* auf die Grundform mit „zu“ **hingewiesen** wird.

Beispiele:
- *Sie hat den **Wunsch**, ein Buch zu lesen.*
- *Sie hofft **darauf**, anfangen zu können.*

● **3** **Setzen Sie bei jedem Satz das Komma an zwei unterschiedlichen Stellen. Schreiben Sie jeweils beide Sätze auf ein Extrablatt und beschreiben Sie den Unterschied in der Bedeutung.**

Beispiel: 1. Ich rate ihm **,** nachzugeben.
2. Ich rate **,** ihm nachzugeben.

A Ich empfehle ihm zu gehorchen.

B Er plante am Montag mit der Arbeit früher zu beginnen.

C Sie versprach ihm das Geld sofort zu bringen.

● **4** **Setzen Sie die Kommas korrekt.**

A Schreiben Sie lieber schon mal eine Mail als bis zum persönlichen Treffen zu warten.
B Achten Sie darauf keine Fehler zu machen.
C Um den Kunden möglichst rasch zu erreichen schicken Sie die Mail bitte sofort ab.
D Anstatt zu mailen können Sie natürlich auch anrufen.
E Beim nächsten Angebot werden wir bemüht sein noch früher auf den Kunden einzugehen.

Z

Aufzählungen und Zusätze

Regel 4:
Aufzählungen, Zusätze trennt man durch Komma ab.

○ 1 Trennen Sie die Aufzählungen durch Kommas ab.

A Wir liefern kalte warme vorgekochte tiefgefrorene Gerichte.
B Meistens verarbeiten wir Fleisch Wurst Käse Brot Brötchen Salate Gemüse.
C Wir produzieren die Speisen vermarkten sie transportieren sie in eigenen Fahrzeugen beraten auf Wunsch.
D Friseure und Friseurinnen waschen schneiden färben pflegen frisieren Haare.
E Sie beraten Kunden in Fragen der Frisur der Haarpflege des Haarstylings pflegen Hände gestalten Fingernägel.
F Sie bieten Make-up-Beratung und -gestaltung an meistens verkaufen sie auch kosmetische bzw. Haarpflegeartikel.

Zu 1:
Aufzählungen können aus
- einzelnen Wörtern,
- Teilen eines Satzes sowie
- ganzen Sätzen bestehen.

Beispiele:
- *Sie verkaufen Brot, Kuchen, Brötchen.*
- *Der Bote stieg aus, klingelte an der Tür, wartete geduldig.*
- *Die einen schneiden zu, die anderen heften zusammen, wieder andere nähen.*

◒ 2 Setzen Sie die Kommas korrekt. Markieren Sie die Begriffe, die anzeigen, dass davor kein Komma gesetzt werden muss.

A Ich pflegte die Tiere fütterte sie oder betreute sie.
B Meine Aufgaben umfassten die Vorbereitung des Futters die Reinigung der Ställe und im Krankheitsfall die Versorgung mit Medikamenten.
C Einmal reparierte ich sogar einen beschädigten Stall und ich setzte Ersatzteile ein oder überprüfte die Schlösser.
D Ich kam mit großen und kleinen Säugetieren Insekten Fischen Vögeln und Reptilien in Berührung.
E In diesem Beruf sollte man sowohl über biologische Kenntnisse als auch über kreative Fähigkeiten verfügen.
F Die für Tierpfleger/-innen so wichtige Tierliebe lässt sich weder erlernen noch einfach anordnen.

Zu 2:
Kein Komma wird gesetzt, wenn die Aufzählungen durch „und“, „oder“, „(so)wie“, „sowohl ... als/wie auch“, „weder ... noch“, „beziehungsweise (bzw.)“ verbunden werden.

○ 3 Markieren Sie die Beisätze. Setzen Sie die Kommas.

A Manu F. Mitglied der „Fantasie-Fabrik“ ist ein Vorbild für mich.
B Sein richtiger Name Manuel Falkenstein ist vielen nicht bekannt.
C Am nächsten Freitag dem 28. August werde ich ihn live auf der Bühne erleben.
D Philipp mein bester Freund wird auch dabei sein.

◒ 4 Prüfen Sie die Zeichensetzung und korrigieren Sie sie.

Hi Sven,

habe gerade SevenSeven gehört. Der Superstar aus den USA dieser Charts-Überflieger ist auf Europatournee. Am Freitag dem 30. Mai, kommt er auch nach München. Musst du unbedingt hin. Mein Platz war super direkt vor der Bühne 2. Reihe Empore rechts. Vielleicht kriegst du auch so einen coolen Platz. Beeil dich! Wir sehen uns dann am 8. 6. in Frankfurt bei Enis!

Zu 3 und 4:
Der **Beisatz** oder die **Satzergänzung (Apposition)** wird nach einem Bezugswort durch Komma abgetrennt.
Bei Wohnungs-, Datums- und Zeitangaben kann das **schließende Komma fehlen.**

Beispiele:
- ***Marco**, der Gewinner des Goldenen Hobels, arbeitet in unserem Betrieb.*
- *Am **Sonntag**, dem 25. Mai(,) entscheidet sich alles.*
- *Sie ist wohnhaft im **Oder-Hochhaus**, 16. Etage, Wohnung 3(,) rechts.*

Entgegensetzungen mit Komma

Regel 5:
Entgegensetzungen werden durch Komma abgetrennt.

Zu 1 bis 3:

Entgegensetzungen können aus
- einzelnen Wörtern,
- Teilen von Sätzen oder
- ganzen Sätzen bestehen.

Diese Wörter weisen auf Entgegensetzungen hin:
aber, allerdings, einerseits … andererseits, (je)doch, sondern

Beispiel:
*Sie wollen einen Kaffee mit Milch, **jedoch** ohne Zucker.*

○ 1 Markieren Sie die Wörter, die auf eine Entgegensetzung hinweisen. Trennen Sie die Entgegensetzungen durch Komma ab.

A Diese Frucht ist nicht schön aber wohlschmeckend.
B Das Fruchtfleisch ist sehr weich doch gut verwertbar.
C Ihr Saft ist süß allerdings auch etwas bitter.
D Einerseits ist sie sehr lecker andererseits recht teuer.
E Heute jedenfalls benötigen wir sie nicht sondern morgen.

◒ 2 Führen Sie die Sätze mit Entgegensetzungen fort. Wählen Sie dazu die passende Wortgruppe aus dem Kasten darunter aus. Setzen Sie Kommas.

A Die Bluse ist zwar elegant ____________________

B Jeans passen meistens ____________________

C Der Kunde bezahlte nicht bar ____________________

D Einerseits sollen Schuhe modisch aussehen ____________________

E Zu Hause kann man das tragen ____________________

F Einerseits ist das Kleid gut geschnitten ____________________

Entgegensetzungen	
1) andererseits schlecht verarbeitet.	4) aber der Preis ist zu hoch.
2) sondern mit Karte.	5) allerdings nicht bei jeder Gelegenheit.
3) jedoch nicht in der Öffentlichkeit.	6) andererseits aber nicht zu teuer sein.

● 3 Fügen Sie die passenden Entgegensetzungen ein: *allerdings – aber – einerseits … andererseits – sondern* Setzen Sie die Kommas.

A „Gerne mit Menschen umgehen" reicht für die Tätigkeit einer Altenpflegerin oder eines Altenpflegers nicht aus ____________ man muss auch gerne mit *alten* Menschen umgehen wollen.

B Dies heißt ____________ mit Freude Verantwortung übernehmen ____________ auch unangenehme Dienste verrichten.

C Köperhygiene wie Waschen oder Eincremen ist eine wichtige tägliche Aufgabe ____________ sind Gespräche mit den älteren Menschen ebenso bedeutsam.

D Die Beratung ____________ auch die Unterweisung von Angehörigen werden immer wichtiger.

Wörtliche Rede

Regel 6:
Wörtliche Rede wird durch Anführungszeichen kenntlich gemacht.

○ 1 Notieren Sie den Begleitsatz und die wörtliche Rede. Kennzeichnen Sie die wörtliche Rede durch Anführungszeichen.

A Ich mache ein Praktikum im Einzelhandel.

Erdal sagt

B Ich arbeite in einem Reisebüro.

Aisha erwidert

C Hast du eine abgeschlossene Ausbildung?

Darauf fragt Erdal

D Ja, ich habe sie vor zwei Jahren abgeschlossen.

sagt Aisha

Zu 1 und 2:

Wird eine Aussage Wort für Wort so wiedergegeben, wie sie gemacht wurde, dann spricht man von **wörtlicher oder direkter Rede**.
Meist wird im Begleitsatz mitgeteilt, wer gesprochen hat.

Die direkte Rede wird durch **Anführungszeichen** zu Beginn und am Schluss gekennzeichnet.

Der **Begleitsatz** wird von der wörtlichen Rede durch
- einen **Doppelpunkt** abgegrenzt, wenn er vor der wörtlichen Rede steht,
- **Komma** getrennt, wenn er nach oder zwischen der wörtlichen Rede steht.

Beispiele:
Pia sagt: „Heute hat alles geklappt."
„Heute hat alles geklappt", sagt Pia.
„Heute", sagt Pia, „hat alles geklappt."

A ______________________________

B ______________________________

C ______________________________

D ______________________________

◒ 2 Formulieren Sie die indirekte Rede (im Beispiel unterstrichen) um in wörtliche Rede. Setzen Sie die Zeichen korrekt.

Beispiel: Sie sagt, <u>die Arbeit als Pflegerin sei sehr interessant.</u>
→ *Sie sagt: „Die Arbeit als Pflegerin ist sehr interessant."*

A Weiter meint sie, sie sei aber auch sehr anstrengend.

____

B Die Arbeitszeiten seien nicht immer kalkulierbar, stellt sie fest.

____

C Dennoch, versichert sie am Ende, sei dies eine sehr befriedigende Tätigkeit.

____

Test

Entscheiden Sie, in welchen Sätzen die Zeichensetzung korrekt ist.

1	Wir brauchen Milch, Kaffee, Zucker, Gebäck.
2	Wir würden uns freuen, wenn Ihnen unser Angebot zusagen würde.
3	Du kannst die Wand gleich streichen ohne einen Voranstrich aufzubringen.
4	Einerseits macht Klettern Spaß, andererseits ist es aber auch gefährlich.
5	So kann das auf keinen Fall weitergehen.
6	Bitte wenden Sie sich an den zuständigen Abteilungsleiter, bzw. dessen Stellvertreter.
7	Dieser Fisch ist frisch und er schmeckt sehr gut.
8	Das zuletzt gelieferte Produkt, schrieben wir Ihnen, ist mangelhaft.
9	Sie erhalten den Auftrag wenn Sie umgehend liefern können.
10	Warum Pflegeberufe nicht besser entlohnt werden, verstehe ich nicht.
11	Dieses Medikament hat zu viele Nebenwirkungen, es ist wirklich nicht zu empfehlen!
12	Ich versuche es erneut, eine Verbindung herzustellen.
13	Heute geht es darum die Prüfung zu bestehen.
14	Die Wohnung ist weder geräumig noch wirkt sie besonders einladend.
15	Diese Rose blüht besonders prachtvoll, allerdings nur einmal im Frühjahr.
16	Der Trainer sagt: „Wir sind auf das Spiel gut vorbereitet."
17	Das Gerät ist lieferbar jedoch erst in drei Monaten.
18	Anstatt bar zu bezahlen nutze ich lieber die elektronische Überweisung.
19	Hiermit teilen wir Ihnen mit dass die Ware bereitsteht, und jederzeit abgeholt werden kann.
20	Vielen Dank für Ihre Nachricht. Ich bin ab dem 2. Juli wieder im Büro für Sie zu erreichen. In der Zwischenzeit beantwortet Herr Peter Schmidt gerne Ihre Fragen: peter.schmidt@firma.de, Telefon: 0798 14872. Mit freundlichen Grüßen Regina Peters

Stilübungen

Passenden Ausdruck verwenden

1 Formulieren Sie den Abschnitt mit den Unterstreichungen neu. Ersetzen Sie dabei die unpassenden Begriffe (unterstrichen) durch eine passende Ausdrucksweise.

A Ich habe dir eine Chance verpasst.

*Ich habe dir eine Chance **gegeben**.*

B Obwohl ich erst den dritten Tag im Geschäft war, wollten mich zwei Kunden sich beraten.

C Da ich die genaue Zusammensetzung des Produkts nicht kannte, musste ich alles von der Verpackung ihnen sagen.

2 Notieren Sie die Sätze auf einem Extrablatt. Verwenden Sie statt der unterstrichenen Wörter und Wendungen die schriftsprachliche Ausdrucksweise.

A Ich nehme das auf meine Kappe.

B Ich will kein Geld einheimsen, das ich nicht verdient habe.

C Als ich nach einer Stunde immer noch nicht fertig war, hat er mir ganz schön eingeheizt.

D Ich bin fleißig und sehe die Arbeit, man muss mich nicht mit der Nase darauf stoßen.

3 Setzen Sie die Sätze fort. Formulieren Sie höflich.

Beispiel: Sie sind hier der Filialleiter, dann sollten Sie das doch wissen.
→ *Ich nehme an, als Filialleiter wissen Sie das.*

A Wie kann man nur so blöd sein und die Teile an der glatten Oberseite statt an der rauen Unterseite zusammenkleben!

Ist dir nicht aufgefallen, dass

B Wie wäre es, wenn du mir mal helfen würdest, statt mich nur wie ein Bekloppter anzuglotzen?

Du würdest mir einen großen Gefallen tun,

Passender Ausdruck

Zu 1:

Wenn man einen falschen oder unpassenden Ausdruck verwendet, kann das dazu führen, dass einen der Gesprächspartner nicht versteht oder sich missachtet fühlt.

Beispiel:

A: *Du hast dir das Werkzeug angeeignet.*

B: *(Verärgert.) Das stimmt gar nicht. Ich habe es nur auf meinen Arbeitstisch gelegt, damit ich bequemer arbeiten kann.*

- Verwenden Sie also genaue und korrekte Bezeichnungen.
- Wählen Sie zum Inhalt passende Wörter

Passender Ausdruck

Zu 2:

Verwenden Sie in der Schriftsprache keine umgangssprachlichen Ausdrucksweisen.

Beispiele:

- größer wie → *größer **als*** (nach der 2. Steigerungsstufe)
- Klamotten → *Kleidung*
- Zieh nicht so ´ne Show ab! → *Gib nicht so an!*

Passender Ausdruck

Zu 3:

Drücken Sie sich höflich aus.

Beispiel:

„Mich ermahnen Sie, ich solle zügig die Waren aus dem Lager holen, aber Lorenz macht ständig Mist und dem sagen Sie nichts."

→ *„Ich werde die Waren sofort aus dem Lager holen, aber bitte ermahnen Sie auch die anderen, die nicht arbeiten."*

In der Wortwahl abwechseln

○ 1 Wählen Sie einen Begriff aus der rechten Spalte, mit dem Sie eines der unterstrichenen Wörter ersetzen. Markieren Sie das Wort, das Sie ersetzen, und das gewählte Wort.

A Wenn das Wetter schön ist, ist es schön, im Freien zu arbeiten	gut, angenehm, entspannend, wohltuend
B Bei schlechtem Wetter ist der Boden viel schlechter zu bearbeiten.	nasskalt, regnerisch, schwer, mühsam
C Als guter Gärtner hat man auch gute Chancen, dass die Pflanzen alle anwachsen.	tüchtig, fähig, aussichtsreich, zuverlässig
D Man kann schnell viel verlieren, wenn man unbedingt schnell gewinnen will.	rasch, geschwind, übereilt
E Auf das sanfte Gewebe darf man nur sanften Druck ausüben.	zart, leicht, gering, empfindlich
F Es ist gut, wenn man das Geld gut anlegt.	günstig, ertragreich, nützlich, richtig, sicher

Abwechslungsreiche Wortwahl

Zu 1 bis 3:

Stets gleiche Wortwahl wirkt **eintönig** (monoton) und ermüdet den Leser.

Wechseln Sie also in der Wortwahl **ab**, sodass Ihre Sprache lebendiger wirkt. Benutzen Sie zur Abwechslung andere Wörter oder Begriffe mit möglichst gleicher Bedeutung.

Beispiel:

Wer die Arbeit mit Kunden liebt, wird sich bei dieser Arbeit wohlfühlen, denn die Arbeit besteht darin, den Kunden von der Bestellung bis zur Auslieferung der Ware zu betreuen.

→ *Wer **gerne** mit Kunden **umgeht**, wird sich bei dieser Arbeit wohlfühlen, denn die **Tätigkeit** besteht darin, den Kunden von der Bestellung bis zur Auslieferung der Ware zu betreuen.*

◒ 2 Ersetzen Sie in B – D eines der unterstrichenen Tätigkeitswörter (Verben). Formulieren Sie den Satz auf einem Extrablatt entsprechend neu.

A Wenn es um Reparaturen geht, kann ich auch vieles selber machen; das macht mir Spaß.

Ich kann vieles **selbst reparieren**, das macht mir Spaß.

B Von meiner Familie bin ich gewohnt, dass wir viel in Eigenarbeit machen, wenn man etwas streichen oder Tapeten an die Wand machen muss.

C Man muss nur das richtige Werkzeug zur Hand haben, dann hat man es leicht bei der Arbeit.

D Ich habe mitbekommen, dass man es in diesem Beruf schwer hat, wenn man keine Erfahrung im Nähen hat.

● 3 Schreiben Sie die Sätze B – D neu auf einem Extrablatt. Vermeiden Sie dabei eine Wiederholung des unterstrichenen Hauptworts (Substantivs).

A Als ich bei der Agentur für Arbeit nach meinen Interessen gefragt wurde, habe ich unter der Rubrik „Interessen" mein Interesse an diesem Beruf angegeben.

Als ich bei der Agentur für Arbeit gefragt wurde, habe ich unter der Rubrik „Interessen" diesen Beruf angegeben.

B Bei diesem Spiel mit den Kindern mussten wir das Spiel zuerst erklären und dann das Spiel mit ihnen spielen.

C In meinem Praktikum hatte ich keine Probleme. Es war auch kein Problem, dass ich noch nie in einem Kindergarten gearbeitet hatte; ich durfte ohne Probleme alles mitmachen.

D Insgesamt hat mir das Praktikum viel Spaß gemacht. Ich habe Spaß am Umgang mit den Kindern und auch mit den Erzieherinnen hatte ich viel Spaß.

Im Satzbau abwechseln

○ **1** **Formulieren Sie die Sätze um. Beginnen Sie mit den unterstrichenen Begriffen.**

A Man kann <u>die Maschine</u> so steuern, dass sie absolut genau läuft.

Die Maschine kann man so steuern, dass sie absolut genau läuft.

B Eine Kamera liefert <u>die Daten</u>.

____

C Man erhält <u>auch</u> Daten vom Vorjahr.

____

D Man kann <u>so</u> mehrere Jahre vergleichen.

____

E Ein Fehler taucht oft <u>im letzten Abschnitt</u> auf.

____

F Dieser Fehler kann <u>meistens</u> leicht korrigiert werden.

____

Im Satzbau abwechseln

Zu 1 bis 3:

Stets gleicher Satzbau kann ermüdend wirken und den Leser langweilen.

Wechseln Sie also im Satzbau ab, indem Sie nicht immer nur die Grundstruktur anwenden: Satzgegenstand (Subjekt) – Satzaussage (Prädikat) – Satzergänzung (Objekt).

Beginnen Sie einen Satz auch einmal **mit anderen** Satzgliedern.

Beispiele:
- *<u>Den Rest</u> der Arbeit verschob er auf morgen.*
- *<u>Auf morgen</u> verschob er den Rest der Arbeit.*
- *<u>Noch am selben Tag</u> baute er alles zusammen.*
- *<u>Völlig erschöpft</u> verrichtete er die letzten Feinarbeiten.*
- *<u>Gewonnen</u> hatte er bis dahin noch nichts.*
- *<u>Stolz</u> war er trotzdem*

◒ **2** **Ergänzen Sie die Sätze A und B mit den fett gedruckten Wörtern. Formulieren Sie wie im Beispiel jeweils zwei mögliche Hauptsätze.**

Beispiel: Die Waren sind am frischesten. **hier**
1 ***Hier*** *sind die Waren am frischesten.*
2 *Am frischesten sind die Waren* ***hier****.*

A Er kauft auf dem Wochenmarkt ein. **gern**
1 ______________________________
2 ______________________________

deshalb
1 ______________________________
2 ______________________________

B Er findet immer erlesene Früchte. **dort**
1 ______________________________
2 ______________________________

● **3** **Schreiben Sie die Sätze neu auf einem Extrablatt. Ändern Sie jeweils in mindestens einem der Sätze die Satzstellung, sodass nicht alle gleich aufgebaut sind.**

A Sie fürchtet manchmal, dass das traditionelle Wissen verloren geht. Ein Unternehmen kann aber ohne dieses Wissen nicht geführt werden. Menschen, die mit der Natur arbeiten, wissen das.

B Man benötigte im vorigen Jahrhundert 200 Arbeitsstunden für diese Tätigkeit. Der Einsatz von Maschinen verringerte den Bedarf auf die Hälfte der Zeit. Moderne Maschinen kommen bei dieser Arbeit heute mit vier Stunden aus.

Das bezügliche Fürwort (Relativpronomen) richtig verwenden

○ 1 Fügen Sie das passende bezügliche Fürwort (Relativpronomen) in der richtigen Form ein.

Das bezügliche Fürwort (Relativpronomen)

Zu 1 bis 3:

Im Deutschen können

- die hinweisenden Fürwörter (Demonstrativpronomen) ***der, die, das,***
- die Fragefürwörter (Interrogativpronomen) ***wer, was*** und
- ***welcher, welche, welches*** (eher vermeiden)

bezügliche Fürwörter (Relativpronomen) sein.

A Wir mussten alle Belege kontrollieren, die ________ an diesem Tag ausgestellt wurden.

B Wir sortierten die Rechnungen nach dem Datum, auf ____________ sie ausgestellt waren.

C Am Morgen wurden mir die Mitarbeiter genannt, bei ______________ ich mich im Laufe des Tages melden sollte.

D Der Versuch, ______ ich machen durfte, war sehr einfach durchzuführen.

E Seine Meinung, nach ________ wir auch samstags arbeiten sollten, teilten nicht alle.

◒ 2 Formulieren Sie den Satz so um, dass das bezügliche Fürwort (Relativpronomen) an das Bezugswort direkt angeschlossen ist.

Das bezügliche Fürwort (Relativpronomen) richtig anschließen

Zu 2:
Das bezügliche Fürwort (Relativpronomen) verweist auf ein Satzglied, das in der Regel unmittelbar im Satz davor steht.

Beispiel:
- *Sie hielt **das Versprechen** ein, **das** sie ihm gab.*

A Meine Eltern haben einen Betrieb in der Nähe von Seeburg, in dem ich erste praktische Erfahrungen machte.

*In der Nähe von Seeburg haben meine Eltern einen **Betrieb,***

*in **dem** ich erste praktische Erfahrungen machte.*

B Viele Arbeitstechniken sind mir vertraut, auch wenn ich sie nicht in Perfektion beherrsche, die man in diesem Beruf braucht.

C In den Ferien hatte ich Gelegenheit, dort Erfahrungen zu sammeln, die ich auch immer nutzte.

D Durch unterschiedliche Aushilfstätigkeiten bin ich körperliche Arbeit gewohnt, die ich in den letzten Jahren ausübte.

● 3 Streichen Sie die grammatikalisch falsch angeschlossenen Bezugswortsätze (Relativsätze) durch. Notieren Sie den Satz mit dem Bezugswort und Begleiter (Artikel) in korrekter Form.

A Sie reagierten auf die Kritik, ~~an der sich an ihren Plänen entzündete~~.

*… **die Kritik, die** sich an ihren Plänen entzündete.*

B Die Anbaufläche, die Mais angepflanzt wurde, hat sich vervielfacht.

C Der Anbau verdrängte die Wiesen, deren die Heimat vieler Pflanzen, Vögel und anderer Tiere waren.

D Es ist gut ein Drittel der Ernte, der in die Biogasanlage wandert.

E Jährlich fallen mehrere Millionen Tonnen organischer Abfälle an, der zu Kompost verarbeitet werden.

F Es wird auch an Pflanzen wie dem Kleegras geforscht, die als umweltverträglich gilt.

Richtige grammatische Formen benutzen

1 Notieren Sie die Ausdrücke mit dem Verhältniswort (der Präposition) korrekt.

A Trotz dem starken Konkurrenzkampf konnte sich unsere Firma gut behaupten.

Trotz **des** starken Konkurrenzkampf**es**

B Während dem ganzen Jahr waren wir sehr erfolgreich.

____

C Wegen dem Gedränge auf dem Gang mussten wir anders vorgehen.

____

D Statt einem Beratungsgespräch waren nur kurze Auskünfte möglich.

____

2 Formulieren Sie die Sätze so um, dass jeder Satz mit einem einleitenden Bindewort (einer Konjunktion) zunächst zu Ende geführt wird. Achten Sie auf den Satzbau.

A Das ist kein Scherz mehr, weil wenn du das tust, machst du dich strafbar.

Das ist kein Scherz mehr, **weil du dich strafbar machst, wenn** du das tust.

B Du denkst, dass wenn das nicht deine Absicht war, du nicht schuld bist.

C Es ist meist so, dass wenn du an diesem Punkt sparst, du an anderer Stelle wieder zu viel Geld ausgibst.

D „Der Klügere gibt nach", weil wenn du so weitermachst, kostet dich das nicht nur Nerven, sondern auch Geld.

3 Setzen Sie das Tätigkeitswort (Verb, in Klammern) korrekt in der Gegenwartsform (im Präsens) ein.

A Der Speisezettel für Katzen wie für Hunde ist vielfältig. (sein)

B Eine große Auswahl an unterschiedlichen Gerichten ________ den Vierbeinern zur Verfügung. (stehen)

C Sowohl herkömmliche Kost wie auch Bio-Kost ________ im Sortiment. (sich befinden)

D Auch Gerichte mit jeweils einer erlesenen Zutat ________ ________. (angeboten werden)

Den richtigen Fall (Kasus) nach Verhältniswörtern (Präpositionen) wählen
Auch wenn in der Umgangssprache häufig der 3. Fall (Dativ) verwendet wird, wählen Sie in der Schriftsprache den 2. Fall (Genitiv) nach folgenden Verhältniswörtern (Präpositionen):
aufgrund, statt, trotz, während, wegen.

Beispiel:
während dem Urlaub
→ *während* ***des*** *Urlaubs*

Zwei direkt aufeinanderfolgende Bindewörter (Konjunktionen) vermeiden
Auch wenn in der Umgangssprache manchmal zwei Bindewörter (Konjunktionen) hintereinander verwendet werden, führen Sie in der Schriftsprache zuerst einen Satz zu Ende und schließen Sie dann den nächsten an.

Beispiel:
Er glaubt, dass wenn er nicht auf den Fehler hinweist, ihn auch keiner bemerken wird.
→ *Er glaubt,* ***dass*** *keiner den Fehler bemerken wird,* ***wenn*** *er nicht* ***dar****auf hinweist.*

Übereinstimmung von Satzgegenstand (Subjekt) und Satzaussage (Prädikat)
Steht der Satzgegenstand (das Subjekt) in der Einzahl (im Singular), muss auch die Satzaussage (das Prädikat) in der Einzahl stehen. Entsprechend gilt das für Mehrzahlformen (Pluralformen).

Beispiele:
- *Es (Satzgegenstand in der Einzahl) stört diese Hundehalter nicht, dass die Nahrung für ihr Tier so teuer ist.*
- *Andere (Satzgegenstand in der Mehrzahl) wiederum stören sich an der Preisgestaltung.*

Lösungen
uq47pi